ars vivendi^(x)

JOHANNES WILKES
MICHAEL KNIESS

LOVE STORYS
in Franken

LIEBESGESCHICHTEN
AUS 2.000 JAHREN

ARS VIVENDI

Bildnachweis:
© Franz Hajak/Unsplash (S. 13), © Hochzeit auf den ersten Blick (S. 14),
© privat (S. 19), © privat (S. 26), © LottoBayern (S. 30), © Ilona Müller
(S. 32), © René Schreiner (S. 37), © privat (S. 38), © privat (S. 46),
© privat (S. 51), © privat (S. 52), © Denis Katzer (S. 58), © Denis Katzer
(S. 63), © Lisa Kniess (S. 64), © Markus Braumann (S. 68), © reimax16/
AdobeStock (S. 73), © 1. FCN/Uwe Niklas (S. 74), © Rowan/Picture
Alliance/dpa (S. 78), © Natural Landscapes/Adobe Stock (S. 85), © Wiki
Commons (S. 86), © Andrea/Adobe Stock (S. 89), © Uwe/Adobe Stock
(S. 93), © airliners.net (S. 94), © Martin Barth/Adobe Stock (S. 97),
© ArTo/Adobe Stock (S. 108), © picture alliance/Fine Art Images/Heritage
Images (S. 110), © picture alliance/Heritage Images (S. 117), © Deutsches
Röntgen-Museum (S. 118), © DRM & Wilhelm Conrad Röntgen/CC BY-
NC-SA (S. 125), © Mauritius images/Alamy Stock Photos/IanDagnall Com-
puting (S. 126), © Fritz Luckhardt (S. 138), © Wiki Commons (S. 148),
© Wiki Commons (S. 151), © Jörg Sabel/Adobe Stock (S. 184), © Museo
Poldi Pezzoli, Mailand (S. 187), © picture alliance/akg-images (S. 194)
Die übrigen Fotos stammen von den Autoren.
Foto auf S. 212: Abdruck mit freundlicher Genehmigung
des Hotels Drei Raben, Nürnberg

Erste Auflage 2023
© 2023 by ars vivendi verlag GmbH & Co. KG,
Bauhof 1, 90556 Cadolzburg
Alle Rechte vorbehalten
www.arsvivendi.com

Umschlag: finken + bumiller, Stuttgart
Umschlagfotografie: © Amy Johansson/Shutterstock
Satz: ars vivendi verlag
Lektorat: Eva Elisabeth Wagner
Druck: Graspo, Tschechien

Printed in the EU

ISBN 978-3-7472-0473-3

INHALT

VORWORT *7*
Franken – ein Land zum Verlieben
♡

LIEBE OHNE ENDE *11*
Bamberg ist die Hauptstadt erfolgreicher Ehen
♡

ERST DAS JA-WORT, DANN DAS KENNENLERNEN *15*
♡

AN DER RADRUNDE *21*
Der letzte Hochzeitstag von Renate und Georg
♡

GESCHWISTERLIEBE *27*
Ein gemeinsames Leben für die Musik
♡

ALLES AUF EINE KARTE GESETZT *33*
Eine Liebeserklärung an das Leben
♡

EINE TIERISCHE KUPPLERIN AUF SANFTEN PFOTEN *39*
♡

MEHR ALS »BASSD SCHO« *43*
Eine Liebeserklärung an die fränkische Sprache
♡

JUGENDLIEBE 2.0 *47*
Wenn Amor zwei Anläufe braucht
♡

WENN EIN KATHOLISCHER PRIESTER DIE FRAU FÜRS LEBEN FINDET *53*
♡

EINE GEMEINSAME LIEBES- UND LEBENSREISE *59*
Seit mehr als 30 Jahren als Paar um die Welt
♡

BERÜHMTE LIEBESERKLÄRUNGEN AN FRANKEN *65*
»Daham« in einer der »schönsten Regionen der Welt«
♡

SEIT MEHR ALS FÜNFZIG JAHREN KEIN ABEND OHNE »GUTE NACHT« *69*
♡

LIEBE OHNE REUE *75*
Innige Gefühle für den einzig wahren »Club«
♡

GUNTER SACHS UND BRIGITTE BARDOT *79*
Die Schöne und der Playboy
♡

LIEBE GEHT DURCH DEN MAGEN *87*
Wie eine Lovestory die Pizza nach Franken (und Deutschland) brachte
♡

KUNDENLIEBE AUF FRÄNKISCH *91*
»Mich konnst gern hom, waßt scho wu!«

ROMEO UND JULIA AM MORITZBERG *95*

♡

BERT BRECHT BESUCHT SEINE PAULA *99*
Das seltsamste Liebesduell der Literaturgeschichte

♡

KANDINSKY WARTET VERGEBENS AUF GABRIELE MÜNTER *111*

♡

DIE HAND VON ANNA BERTHA RÖNTGEN *119*

♡

EMMY NOETHER UND DIE LIEBE ZUR MATHEMATIK *127*

♡

MOGETISSA UND VERECUNDA *133*
Das erste Liebespaar aus Franken

♡

COSIMA UND RICHARD WAGNER *139*

♡

ROYALE LIEBE AUS FRANKEN *149*
Eine besondere »Viktorianische Liebesgeschichte«

♡

AUGUST GRAF VON PLATEN *153*
Verliebt in Erlangen

♡

WIE SICH E. T. A. HOFFMANN IN SEINE GESANGSSCHÜLERIN VERLIEBTE *163*

♡

AMARYLLIS, EIN SOMMER AUF DEM LANDE *173*

♡

VERWORRENE LIEBE *185*
Telenovela mit fränkischer Hauptrolle

♡

HANS SACHS *189*
Über die Ambivalenz des Ehelebens

♡

AGNES DÜRER UND IHR ALBRECHT *195*
Der Versuch einer Ehrenrettung

♡

HILFE BEI LIEBESKUMMER *203*
Ein Besuch am Grab Walthers von der Vogelweide

♡

SIGUNE UND SCHIONATULANDER *207*

♡

SIGENA *213*
Die Befreiung einer Sklavin aus Liebe

♡

HEINRICH UND KUNIGUNDE *217*
Das heilige Kaiserpaar

♡

TÖDLICHES LIEBESDRAMA *227*
Kilian und sein Ende

Quellenhinweise *231*

VORWORT

Franken – ein Land zum Verlieben

♡

Liebesgeschichten, wohin man nur blickt: Albrecht Dürer und seine Agnes, Hans Sachs und die Ambivalenz des Ehelebens, die anrührende Liebe Röntgens zu seiner Frau Anna ... So zieht sich der Liebesfaden munter durch die Geschichte Frankens, bis hin zum letzten Playboy Gunter Sachs und Brigitte Bardot. In Franken, so scheint es, schlugen schon immer die Herzen höher. Amor hat sich hier besonders wohlgefühlt, mit großer Lust hat er seine Pfeile verschossen.

Bereits ein römisches Bronzetäfelchen, gefunden bei Treuchtlingen, erzählt uns eine Liebesgeschichte, der Würzburger Missionar Kilian wurde blutiges Opfer eines Liebesdramas, die Ersterwähnung Nürnbergs beschreibt die Befreiung der Leibeigenen Sigena durch ihren künftigen Ehemann, Heinrich und Kunigunde, das heilige Bamberger Kaiserpaar, hatte wilde Ehekrisen auszuhalten, kompliziert auch die Liebe zwischen Richard Wagner und seiner Cosima in Bayreuth.

Noch viele andere bekannte und unbekannte Liebespaare aus der Vergangenheit und Gegenwart versammelt Love Storys in Franken auf den folgenden Seiten, leidenschaftliche, zärtliche, erotische Geschichten zum Miterleben. Die Geschichte von Gabi und Mirek aus Oberfranken zeigt etwa, dass Amor manchmal zwei Anläufe braucht, um erfolgreich zu sein. Michaela und Oliver haben die übliche Reihenfolge – erst das Kennenlernen und dann das

Ja-Wort – einfach umgedreht. Der Ort, an dem sich die beiden das erste Mal in ihrem Leben gesehen haben, war das Standesamt. Eine entlaufene Nonne, ein Nürnberger Patriziersohn und kein Geringerer als Martin Luther: Mehr braucht es nicht für eine ungewöhnliche Liebesgeschichte aus Nürnberg, die Stoff für jede Telenovela böte.

Was sich Prinz Albert von Sachsen-Coburg und Gotha und Queen Victoria wohl gegenseitig ins Ohr geflüstert haben, ist leider nicht überliefert. Sicher aber ist: Sie haben vor allem auf Deutsch miteinander gesprochen ... und vielleicht sogar das eine oder andere Wort auf fränkisch. Das Traumpaar des 19. Jahrhunderts erzählt seine ganz besondere »Viktorianische Liebesgeschichte«, die bis heute Spuren in Coburg und Umgebung hinterlassen hat.

Wir haben fränkische Liebesgeschichten aus fast 2000 Jahren in einem Buch zusammengefasst – mal anrührend, mal tragisch und manchmal auch kurios. So ist die Geschichte des schönen Frankenlandes wohl noch nie erzählt worden. Ein Buch für alle, die nicht verlernt haben, sich zu verlieben.

Johannes Wilkes und Michael Kniess

Kettenbrücke, Bamberg

LIEBE OHNE ENDE

Bamberg ist die Hauptstadt erfolgreicher Ehen

♡

Zahlen lügen bekanntlich nicht. Geht es um die Liebe, die romantische Zuneigung zueinander, dem stärksten aller Gefühle, dem trunken machenden Hormoncocktail, holen einen der nüchterne Blick auf blankes Zahlenwerk mitunter schnell von Wolke sieben zurück auf den Boden der ganz und gar nicht romantischen Tatsachen. Kleine Kostprobe gefällig: Laut dem Statistischen Bundesamt dauert es durchschnittlich 14,5 Jahre bis eine Ehe wieder geschieden wird. So waren es im Jahr 2021 rund 150.000 Paare, die sich haben scheiden lassen, etwa 400.000 Ehen wurden neu geschlossen. Das macht summa summarum eine Scheidungsquote von rund 37,5 Prozent. Das Statistik-Portal Statista erklärt zusätzlich, dass die meisten Ehen nach sechs Jahren geschieden werden.

Wer all dem statistischen Zahlenwerk ein Schnippchen schlagen will, ist in fränkischen Gefilden bestens aufgehoben. Glücklich, alle Liebenden, die in Bamberg heimisch sind. In der Domstadt leben die glücklichsten Ehepaare Deutschlands. Zumindest hat das die Informationsplattform Betrugstest.com herausgefunden. Hier gelten sie noch, die romantischen Eheversprechen »bis dass der Tod uns scheidet« und »in guten wie in schlechten Zeiten«.

Laut der Analyse des Portals, basierend auf aktuellen Zahlen von den jeweiligen Statistikämtern der Länder und des Bundes, kommen in der Weltkulturerbestadt 96 Scheidungen auf 495 Hochzeiten. Macht eine Quote von 19 Prozent und damit den letzten

Platz unter allen 130 untersuchten Städten. Zweifelhafter Spitzenreiter dieses Rankings ist übrigens Neumünster. In der Kleinstadt in Schleswig-Holstein reichen mehr als neun von zehn Paaren die Scheidung ein.

Doch zurück in die Stadt der Liebe: Manch kritischer Zeitgenosse mag einwenden, dass sich in Bamberg des Ambientes wegen viele Paare das »Ja«-Wort geben und sich andernorts wieder scheiden lassen. Zugegeben, das fränkische Rom – Bamberg wurde wie das italienische Pendant auf sieben Hügeln erbaut – ist auf Listen von beliebten Hochzeitslocations in Deutschland immer wieder ganz oben zu finden. Aber wir verweisen an dieser Stelle natürlich lieber auf die nackten Zahlen, die bekanntlich nicht lügen. Steigt man an dieser Stelle tiefer in die Ursachenforschung ein, fallen einem freilich noch andere Gründe ein, warum in Bamberg so treu geliebt wird.

Vielleicht ist es ja die fränkische Mentalität, die ihr Übriges tut. Haben Sie schon mal ein altes Ehepaar in einem hiesigen Wirtshaus bei Mittagessen beobachtet? Nichts als schweigen. Vielleicht liegt ja gerade darin eines der Rezepte für eine glückliche, naja, sagen wir zumindest lange Ehe? Oder ist es der fränkische Gleichmut, der einen beziehungstechnische Gefühlsausbrüche stoisch ertragen lässt. In jedem Fall ist es die fränkische Ehrlichkeit und Treue.

Wer immer noch Restzweifel hat, sollte einen Gang über die Kettenbrücke wagen. Dutzende Liebeschlösser nehmen hier die Stahlseile des Geländers in Beschlag und zeugen von ewiger Zuneigung.

Vielleicht liegt der Schlüssel ja bereits in der erklärenden Apposition des Stadtnamens versteckt.

Bamberg, das fränkische Rom.
Roma.
Rückwärts gelesen:
Amor.
Liebe.

Altes Rathaus, Bamberg

ERST DAS JA-WORT, DANN DAS KENNENLERNEN

Der Ort, an dem sich Michaela und Oliver das erste Mal in ihrem Leben sehen, ist das Standesamt. Die Worte, die sie das erste Mal in ihrem Leben wechseln, sind ihre Ja-Worte zueinander. Michaela und Oliver heiraten am 16. Juni 2022, ohne sich vorher zu kennen. Die beiden haben sich auf eines der außergewöhnlichsten und vielleicht verrücktesten Sozialexperimente im deutschen Fernsehen eingelassen: Im TV-Format »Hochzeit auf den ersten Blick« geben sich heiratswillige Singles das Eheversprechen – ohne sich zuvor jemals gesehen zu haben. Das Kennenlernen folgt erst danach.

Der gemeinsame Weg von Michaela und Oliver beginnt im Winter 2021. Ohne voneinander zu wissen. Ohne zu ahnen, dass sie ein halbes Jahr später gemeinsam in den Hafen der Ehe schippern werden. Single Oliver sitzt allein an seinem Esstisch daheim in Herzogenaurach, sieht im Fernsehen Werbung für die neue Staffel von »Hochzeit auf den ersten Blick« und denkt sich »Warum denn eigentlich nicht?«, als ihn die Stimme im TV dazu auffordert, sich jetzt zu bewerben.

Fast zeitgleich fasst Michaela, ebenfalls seit drei Jahren ohne festen Partner, in Bielefeld denselben Entschluss. Nachdem sie einfach nicht den passenden Mann für sich findet, raten ihr Freunde und Kollegen schließlich: »Michi, ganz ehrlich, dann musst du halt im Fernsehen deinen Partner finden.« Eine Nacht schläft Michaela darüber, ehe auch sie den Entschluss fasst: »Okay, ich mache das.«

Heute sind beide glücklich verheiratet und geben den Fernseh-machern recht, die damit werben, dass aus Wissenschaft Liebe wer-den kann. Denn bevor Michaela und Oliver vor den Standesbeam-ten treten und sich verheiraten lassen, werden sie in einem ausge-klügelten Prozess nach wissenschaftlichen Standards von einem Expertentrio gematcht. Nach aufwendigen Tests und Analysen, di-versen Auswahlgesprächen und Hausbesuchen steht für die Paar- und Sexualtherapeutin, die Psychotherapeutin und Psychoanalyti-kerin sowie den Psychologen fest: Michaela und Oliver passen per-fekt zusammen.

Mit dieser Analyse beginnt das bis dato größte Abenteuer ih-res Lebens. Beide lassen sich auf das Experiment ein und sind über-zeugt: »Wenn ich genommen werde, wartet ein Partner auf mich, der zu hundert Prozent zu mir passt.« Eine Bestätigung dafür be-kommen Michaela und Oliver direkt im Standesamt. Als seine Braut durch die Tür kommt, ist es um Oliver geschehen. Sein fränkischer Gefühlsausbruch »Wow!« sagt mehr als tausend Worte. Auch Mi-chaela ist vom ersten Augenblick an von Oliver begeistert: »So wie er mich angeschaut hat und wie herzlich und aufmerksam er mit mir umgegangen ist, wusste ich sofort, dass er der Richtige ist.«

Kaum verheiratet, steht für die beiden die erste Bewährungs-probe an: Keine 24 Stunden nach dem Doppel-Ja geht es für sie di-rekt in die Flittertage. In der Toskana heißt es »Dolce Vita« und »Amore« aber auch 24/7-Zusammensein und seeeeeeehr viel gemeinsame Zeit. Partnerschaft von null auf hundert eben. Was selbst bei erprobten Paaren mitunter zu ernst zu nehmenden Tur-bulenzen führt, dürfte bei zwei Menschen, die bislang nicht mehr als die Hochzeitsnacht miteinander verbracht haben, Potenzi-al für einen tobenden Tsunami haben. Nicht so bei Michaela und Oliver. Die Zeit in »Bella Italia« verläuft – anders als vom geneig-ten TV-Zuschauer womöglich erwartet und von anderen am Ex-periment teilnehmenden Paaren gewohnt – harmonisch. Eisiges Schweigen? Erste Unstimmigkeiten? Ein handfester Streit? Alles Fehlanzeige.

Ihr Credo vom ersten Tag an: reden, reden, reden. »Wir können offen und ehrlich über alles sprechen und schätzen aneinander, dass wir immer zu hundert Prozent wir selbst sein können, uns beim anderen nicht verstellen müssen«, verraten die beiden ihr Erfolgsrezept. Einen waschechten Streit? Den kennen Michaela und Oliver deshalb allenfalls von ihren »Hochzeit auf den ersten Blick«-Mitstreitern – in trauter Zweisamkeit auf dem heimischen Sofa vor dem Fernsehgerät sitzend. Selbst die Königsdisziplin, wenn es um das Auf-die-Probe-Stellen der partnerschaftlichen Harmonie geht, meistern die beiden mit Bravour: Sie bauen gemeinsam (!) Möbel und Hochbeete auf, ohne sich diese hinterher mit einem Schwall an Schimpftiraden sprichwörtlich um die Ohren zu hauen.

Wer nun glaubt, bei Michaela und Oliver gibt es so gar keine partnerschaftlichen Schwierigkeiten, der liegt falsch. Man mag es kaum glauben, aber selbst bei ihnen ist in Sachen Kommunikation nicht alles »tutti paletti«. Die bislang größten Barrieren sind sogar sprachlicher Natur. Alle, die dabei sofort an die gängigen Klischees denken, wonach Frauen und Männer einfach nicht dieselbe Sprache sprechen, seien an dieser Stelle eines Besseren belehrt. Bei Michaela und Oliver liegen die Probleme woanders.

Wenn Oliver das größte fränkische Lob auf Erden ausspricht, versteht Michaela im Westfälischen nur: »Na gut, wenn es denn unbedingt sein muss und gar nicht anders geht.« Die Rede ist von – wie könnte es anders sein – »bassd scho« (hochdeutsch: »passt schon«). Mitunter wäre also ein Dolmetscher von Nöten – besonders dann, wenn Oliver mit einem Franken fränkelt. Doch darüber hinaus ist der Kulturschock ausgeblieben. Ganz im Gegenteil: Das zurückhaltende, stoffelige und sture Wesen, das den Franken gerne mal als Alleinstellungsmerkmal zugeschrieben wird, kennt Michaela nur zu gut aus Bielefeld. Auch in Ostwestfalen ist dieser Menschenschlag ihrer Erfahrung nach weit verbreitet.

Ein Franke und eine Westfälin (die eigentlich aus dem Ruhrgebiet stammt) – das passt also. Zumal sich Michaela nicht nur in Oliver, sondern ebenso bereits in die Heimat ihres Mannes verliebt hat.

Mittelfranken soll folgerichtig auch der gemeinsame Lebensmittelpunkt der beiden werden und damit das Pendeln zwischen Herzogenaurach und Bielefeld passé sein. Nicht etwa, weil Bielefeld ja eigentlich gar nicht existiert, wie hinlänglich bekannt ist, sondern weil Oliver seiner Frau auch die fränkische Küche bei jeder Gelegenheit schmackhaft macht. Wenn fränkische Bolognese (Haschee) oder Schäufele (keine Haxe!) auf den Tisch kommen, bleibt der Liebe auch fast gar nichts anderes übrig, als durch den Magen zu gehen.

Die Liebe, sie ist angekommen bei der Justizvollzugsbeamtin und dem Betriebsleiter und Restaurantmanager. Beide geben alles für die gemeinsame Zukunft. »Das fällt uns leicht«, sagen sie, »weil wir die gleichen Wertvorstellungen und Ziele haben und gemeinsame Hobbies, wie das Wandern und Kochen, teilen.« Außerdem haben sie denselben trockenen Humor und dieselben Spleens. Kostprobe gefällig? Wer in der Weihnachtszeit einen normalen Baum mit handelsüblichen Kugeln erwartet, wird sowohl bei Michaela als auch bei Oliver lange suchen müssen. Statt Engel, Herzen und Sterne baumeln Kugeln in Form von Croissants, Prosecco- und Ginflaschen oder Pommes an den Zweigen.

Wen wundert's: Wenn schon ihre Ehe und Hochzeit nicht von der Stange sind, warum sollte es dann der Weihnachtsbaum sein? Oder die Fußbekleidung? Olivers Marotte für sehr auffällige und bunte Socken, man ahnt es, teilt auch seine Angetraute. Über so viele Gemeinsamkeiten waren selbst die Experten in Sachen Liebe erstaunt.

Am Ende hört es aber dann doch auf mit den Gemeinsamkeiten. Zum Glück, muss man wohl sagen. Denn bei Michaela und Oliver trifft sie zu, die sagenumwobene Oliven-Theorie. Selbige, bekannt aus der US-Sitcom »How I Met Your Mother«, besagt, dass es für eine langfristige glückliche Beziehung notwendig ist, dass ein Partner Oliven mag und der andere sie hasst. Getreu dem Motto »Gegensätze ziehen sich an«. Über die Frage, ob nun mehr Gegensätze oder mehr Gemeinsamkeiten hilfreich sind, um als Paar harmonisch durchs Leben zu gehen, lässt sich streiten. Für Michaela und Oliver steht aber fest: »Für unser Experiment waren definitiv die Gemeinsamkeiten wichtig und hilfreich.«

Am alten Kanal

AN DER RADRUNDE

Der letzte Hochzeitstag von Renate und Georg

♡

Große Zeiten hat sie erlebt: die Radrunde im Nürnberger Ortsteil Herpersdorf. 1919 hatten radsportverrückte junge Franken sie im nahen Gaulnhofen gegründet. 1926 wählten sie Herpersdorf zum Sitz. Hatte man sich in den ersten Jahren auf gesellige Radtouren beschränkt, wollte man sich bald in sportlichen Straßenrennen messen. Fahrräder guter Qualität waren genügend vorhanden, war Nürnberg doch eine Hochburg der Zweiradindustrie. Was aber fehlte, war eine richtige Rennpiste. Überall nur Kopfsteinpflaster und unbefestigte Wege. So packte man an und asphaltierte die Herpersdorfer Radrunde. Angelockt von der neuen Attraktion, gewann der RC Herpersdorf viele Mitglieder, immer professioneller wurde trainiert, bald gewann man erste nationale Wettkämpfe, eine olympische Medaille und Gold bei den Weltmeisterschaften. Im Tandem, bei den Stehern, überall waren die fränkischen Pedalisten erfolgreich. Ab dem Jahr 1936 wurde der »Große Straßenpreis von Herpersdorf« ausgerichtet. Der Wettkampf sollte bald zu einem der bekanntesten Rennen des Reiches werden.

1936. Das Jahr, in dem sie geboren wurde. Ende September hielten die glücklichen Eltern ihr Mädchen im Arm, tauften es auf den Namen Renate. Ob sie die Rennen miterlebt hat? Ob sie mit am Straßenrand gestanden hat, im jubelnden Gedränge, als die über ihre Lenker gebeugten Radfahrer auf die Ziellinie einbogen? Die fränkische Tour de France hatte Volksfestcharakter, lockte auch zahlreiche Auswärtige an, es wurde mitgefiebert, mitgezittert, mitgefeiert. Als Renate in die Schule kam, war Schluss mit den Sportevents. Die Nazis hatten Deutschland in die Katastrophe gestürzt, der Krieg tobte, Flieger entluden ihre Bombenfracht über Nürnberg, die alte Stadt brannte. In den blutigen Widerschein der Nachtwolken starrend, hielt man auch in Herpersdorf den Atem an. Würde das Leben wieder werden wie zuvor? Keiner konnte es sich vorstellen. Und doch, als der Krieg vorüber war, dauerte es nicht lange, bis die schnellen Räder erneut über die Straßen flitzten. Bundespräsident Theodor Heuss zeichnete den RC Herpersdorf aus, den ersten Radsportverein der jungen Republik; ihm sollte die Zukunft gehören.

Fröhlich und optimistisch blickte auch die Jugend in die Zukunft. Die gröbsten Kriegsschäden waren beseitigt, ausgelassen feierte und tanzte man in den Jahren des Wirtschaftswunders. Renate feierte und tanzte mit. Und sie verliebte sich. Erst 18 Jahre war sie alt, als sie mit Georg vor den Traualtar trat, an einem Frühlingstag, dem 6. April 1955. Der Anfang für ein tiefes und langes Glück war gemacht. Stets sollten sich die Brautleute an ihren Hochzeitstag dankbar erinnern. Als sie am 6. April 1965 mit den Kindern, die ihnen geschenkt worden waren, ihre Rosenhochzeit feierten, das zehnjährige Ehejubiläum, war Ludwig Erhard Bundeskanzler und Andreas Urschlechter Bürgermeister von Nürnberg, der Club spielte seit zwei Jahren nicht mehr im legendären Zabo, sondern im Städtischen Stadion, auf der nahen Radrennbahn Reichelsdorfer Keller wurden weiter Meisterschaften ausgetragen, und die USA schossen am selben Tag den ersten kommerziellen Satelliten ins All. Weitere zehn Jahre später, am zwanzigsten Hochzeitstag, der Porzellanhochzeit, man schrieb das Jahr 1975, hieß der Bundeskanzler Helmut Schmidt, Sieger der Flandern-Rundfahrt wurde ein junger Belgier namens Eddy Merckx, im nahen Langwasser feierte das neue Messegelände seinen zweiten Geburtstag, und für das kommende Jahr plante die Nürnberger Stadtspitze das erste Bardentreffen.

Zur Silberhochzeit 1980 grüßte ein neues Wahrzeichen Bewohner und Besucher der Stadt, der Nürnberger Fernmeldeturm, in dessen luftigem Aussichtsrestaurant man bald mit Sekt anstieß. Mit Schaudern erinnerten sich viele Festgäste noch an den Dammbruch, der sich ein Jahr zuvor in der Nähe von Herpersdorf ereignet hatte; der neue Main-Donau-Kanal war geborsten, die mächtige Flut hatte das idyllische Katzwang zerstört. Bundeskanzler war noch Helmut Schmidt. Er kämpfte für den NATO-Doppelbeschluss, während sich eine neue Partei gründete, die Grünen. 1985, als Renate und Georg ihre Perlenhochzeit feierten, ihren dreißigsten Hochzeitstag, wird die Eröffnung der ersten Nürnberger U-Bahn-Linie Stadtgespräch gewesen sein; von Langwasser ging es nun flott zur Innenstadt und bis nach Fürth. Auch baute man an der ersten Nürnberger S-Bahn-Linie nach Lauf. Helmut Kohl war nach dem Zerbrechen der sozialliberalen Koalition an die Regierung gekommen und setzte deren Ostpolitik fort. Im Jahr des vierzigsten Ehejubiläums, der Rubinhochzeit, wurde erstmals der Internationale Menschenrechtspreis der Stadt Nürnberg verliehen; vor einem Jahr erst war das Klinikum Süd eingeweiht worden. Als man 2005 die goldene Hochzeit feierte, hieß der Bundeskanzler Gerhard Schröder, die Metropolregion Nürnberg bildete sich, ein Großbrand im Lokschuppen des Verkehrsmuseums zerstörte viele historische Züge, auch den Nachbau des Adlers. 2015 dann das Fest der diamantenen Hochzeit. Seit vielen Jahren regierte mit Angela Merkel die erste Frau die Republik. Renate war nun schon 78 Jahre alt; gesundheitlich ging es nur noch leidlich. Gut, dass sie ihren Georg hatte, der sich liebevoll um sie kümmerte. Sechzig Jahre waren sie nun verheiratet, sind sie zusammen durch dick und dünn gegangen.

Fünf Jahre später, das Jahr 2020. Renate wohnte nicht mehr in der gemeinsamen Wohnung. Ihr Gesundheitszustand hatte sich weiter verschlechtert, sie brauchte intensivere Pflege. Zum Glück aber lag keine hundert Meter entfernt das Seniorenzentrum »An der Radrunde«, das seinen Namen nach der legendären Rennstrecke trägt, an der es erbaut worden ist. In diesem Seniorenzentrum gab es stationäre Pflegeplätze und Georg konnte jeden Tag vorbeikommen, seine Renate besuchen und sie im Rollstuhl spazieren fahren, gerne die Radrunde entlang zum Ufer des Alten Kanals und weiter auf dessen Treidelwegen, um im Schatten der Bäume eine kleine Pause einzulegen. Es war Mitte März. Am stillen Wasser des Kanals regte sich das erste Grün, die Seerosen ließen erste gelbe Knospen hervorspitzen. Für den 6. April, ihren 65. Hochzeitstag, die eiserne Hochzeit, machten die beiden keine großen Pläne, im kleinsten Kreis wollten sie feiern, im Seniorenzentrum an der Radrunde; mit einem Gläschen Sekt wollten sie anstoßen, so wie an jedem Hochzeitstag seit 65 Jahren. Darauf freuten sie sich, doch dann kam alles anders.

Corona war gekommen. Die Pandemie hatte mit Macht begonnen, sich in Deutschland auszubreiten, besonders die Alten und Kranken waren gefährdet. Drakonische Maßnahmen mussten beschlossen werden, so auch ein Kontaktverbot im Seniorenheim. Da war der Kummer groß! Georg durfte seine Renate nicht mehr besuchen; es wäre zu gefährlich gewesen. Wie aber sollten sie dann ihren Hochzeitstag feiern? Nie zuvor waren sie an diesem Tag getrennt gewesen. Das ging doch nicht, das durfte nicht sein! Georg überlegte fieberhaft, dann kam ihm eine Idee. Er besorgte sich einen Luftballon, ein leuchtendes Herz aus dünner Alufolie, befüllt mit Helium. »Alles Gute zur Hochzeit« war darauf gedruckt. Georg nahm einen dicken Filzschreiber in seine alten Hände und schrieb darunter »zum 65. Mal« und weiter:

Renate und Georg
1955–2020
Danke!
Danke für all die Jahre!

Mit dem Ballon in der Hand verließ er seine Wohnung und gab ihn an der Pforte des Seniorenzentrums ab. Eine Pflegerin trug das schwebende Herz hinauf in Renates Zimmer, schob die überraschte Jubilarin im Rollstuhl zur Balkontür. Den Ballon in der Hand sah

Renate Georg unten auf der Wiese stehen. Er winkte ihr zu, und auch sie hob die Hand, um zurückzuwinken. Die Pflegerin schob die Tür zur Seite. Voll innerer Bewegung sah Renate, wie ihr Mann ihr Küsse zuwarf, wie er ihr gratulierte. Georg versuchte fröhlich zu wirken, versuchte, gute Laune auszustrahlen. Wie gerne hätte er seine Frau in den Arm genommen, wie gerne ihre Nähe gespürt, wie gerne hätte er sie gedrückt und geküsst, so wie in all den vielen Jahrzehnten zuvor. »Wir halten noch länger durch!«, rief er, bevor er seine Renate zum Abschied grüßte.

Nicht nur den beiden Alten, auch den Pflegerinnen standen die Tränen in den Augen, als sich Georg winkend und sich immer wieder umdrehend schließlich auf den Heimweg machte. »Wir halten noch länger durch.« Sein Wunsch sollte sich nicht erfüllen, kein weiterer Hochzeitstag sollte ihnen geschenkt werden, nicht auf dieser Welt. Wenig später starb Renate im Seniorenzentrum an der Radrunde. Die Trauerfeier fand im engsten Familienkreis statt.

Miriam (li.) und Judith (re.) Geissler in Lauf

GESCHWISTERLIEBE

Ein gemeinsames Leben für die Musik

♡

Die Beziehung zwischen Geschwistern ist ein Kapitel für sich. Heute Liebe. Morgen Hass. Nicht selten schwankt das Verhältnis zwischen den Polen. Mal sind sie die dicksten Verbündeten, mal die schlimmsten Rivalen. In jedem Fall haben Geschwister ein besonderes Band, das sie verbindet. Dieses in Worte zu fassen: gar nicht so einfach.

Was die Berliner Punkrock-Band »Die Ärzte« 1986 musikalisch versucht hat und in einem handfesten Skandal und in der Indizierung geendet ist (offizielles Prädikat der Bundesprüfstelle für jugendgefährdende Schriften), bekommt das mittelfränkische Popschlager-Duo »ZWEII« besser hin.

Wenn Judith und Miriam Geissler Geschwisterliebe in ihren Songs verarbeiten, hat das nichts Anrüchiges, sondern etwas sehr Ehrliches. Kein Wunder. Sie wissen, wovon sie reden und singen. Die beiden Fränkinnen aus Günthersbühl im Nürnberger Land sind selbst Schwestern. Gemeinsam machen sie seit 2018 erfolgreich Musik, die sich zwischen Deutschpop und modernem Schlager bewegt.

Ihre besondere Beziehung zueinander machen Judith und Miriam nicht nur immer wieder zum Gegenstand ihrer gemeinsamen musikalischen Reise. Sie ist für die beiden Schwestern auch Grundstein ihres Erfolgs. Der hat sie unter anderem bereits zu Schlagerstar Bernhard Brink aufs Sofa in die TV-Sendung *Die Schlager des Monats* im MDR vor ein Millionenpublikum geführt.

Doch alle diese Zeilen lesenden und in liebevoller Feindschaft verbundenen Geschwister können aufatmen. Auch bei Judith und Miriam ist bei Weitem nicht immer alles Friede, Freude, Eierkuchen. Pustekuchen! Natürlich kracht es auch bei ihnen mal, Funkstille inklusive.

Doch vor allem ist Reibung bei den beiden Schwestern meist Ausgangspunkt für neue musikalische Ideen. »Das beflügelt meine Schwester, wenn sie neue Songs schreibt«, gibt Judith Einblick in das schwesterliche Innenleben. Ihre Schwester und sie sind sich sicher: »Es ist besser für den kreativen Prozess, seine Differenzen auszuleben. So entstehen die besten Dinge.«

Die Gleichung »viel Reibung, noch mehr Kreativität« geht auf. Kein Wunder. Beide sind in vielerlei Hinsicht sehr gegensätzlich und ticken mitunter gänzlich unterschiedlich. Während für die eine Kochen Entspannung ist und Abschalten bedeutet (Judith), muss die andere in Büchern versinken, damit sich ein ähnliches Gefühl einstellt, während die Zubereitung einer Mahlzeit – und sei es nur ein belegtes Brot mit Rührei – bei ihr für Schweißperlen auf der Stirn sorgt (Miriam).

Während die eine morgens gerne lange schläft (Miriam), springt die andere bereits mit dem ersten Vogelgezwitscher aus dem Bett (Judith). Während die eine das personifizierte Chaos ist (Miriam), braucht es die andere strukturiert und geordnet (Judith).

Selbst musikalisch sind die beiden Schwestern nicht unbedingt auf einer Wellenlänge. Während die eine Jazz studiert hat und gerne mit oder ohne Band als Sängerin auf der großen Bühne steht (Judith), ist die andere eher klassisch unterwegs, vermittelt als diplomierte Musiklehrerin ihren Schülern, wie man etwa Klavier oder Akkordeon spielt, schreibt im Hintergrund Songs und dichtet Texte.

Doch trotz dieser Gegensätze und ungeachtet aller charakterlichen Unterschiede dominiert ihre »Schwesternstory« etwas anderes. Die Liebe zur Musik ist ihr gemeinsamer Nenner. Zu zweit Musik zu machen, ist ihr Herzensprojekt. Als »ZWEII« verbinden sie das Beste aus ihren beiden Welten. Miriam, die als

Songwriterin, Komponistin und am Piano im Hintergrund glänzt. Judith, die mit ihrer Stimme auf der Bühne an vorderster Front im Rampenlicht brilliert.

Zwei Charaktere, zwei Sounds, eine gemeinsame Performance. Dafür steht auch ihr Name. Die zwei »I« sind bewusst gewählt. Jede der beiden Schwestern hat ihre eigene Aufgabe und Rolle. Jede kann ihr eigenes »I« einbringen und ausleben. Die eine hat der anderen viel zu verdanken, beide profitieren voneinander. Eine hilft der anderen. »Judith bestärkt mich wahnsinnig in meinem Tun als Songwriterin«, sagt die eine (Miriam). Die andere (Judith) entgegnet: »Meine Schwester schreibt mir so tolle Songs auf den Leib, da könnte ich jedes Mal losheulen.«

Sich so zu akzeptieren, wie man ist, und sich gegenseitig etwas gönnen zu können – das macht ihre Geschwisterliebe aus. Während das eine »I« (Judith) gemeinsam mit Robbie Williams bei *Wetten, dass ...?* auf der Bühne steht, schreibt das zweite »I« (Miriam) an neuen Songs, auch für andere Künstler. An ihrem persönlichen »ZWEII«-Tag (immer dienstags) treffen sie dann wieder zusammen, brainstormen als doppeltes »I« und arbeiten an ihrem gemeinsamen Geschwister-Projekt.

Heraus kommen dabei Songs, die genau das widerspiegeln, was sie selbst in ihrer Beziehung erleben. Ihre Schwesternstory in die Köpfe der Menschen bringen, das ist ihr großes Ansinnen: »Wir wollen unsere Geschichte publik machen. Im Sinne davon, dass sie Ansporn sein soll, seine eigene Geschichte daraus zu machen. Wir wollen allen Geschwistern da draußen sagen: Nehmt euch an, wie ihr seid, mit all den Unterschieden, und gebt einander den Freiraum, jeweils eine eigene Persönlichkeit zu entwickeln. Das Wichtigste: Auch wenn ihr noch so verschieden seid, vergesst nie, da ist etwas, das euch verbindet.«

Bei Judith und Miriam Geissler ist dieses besondere Band die Musik. Nie sind sie die schlimmsten Rivalen. Meist sind sie die dicksten Verbündeten. Bei ihnen ist das Verhältnis voll und ganz gepolt auf Liebe (reinigende Gewitter inklusive): »Wir wollen Liebe in die Welt knallen. Mit unseren Songs Menschen erreichen, für einen kurzen Augenblick in ihre Köpfe kommen und sie zum Nachdenken anregen – deshalb machen wir Musik.« Geschwisterliebe.

Mit allen Höhen und Tiefen. Herzlich. Individuell. Echt. Das ist »ZWEII«. Das leben Judith und Miriam Geissler.

ZWEII beim Lotto Bayern Music Award

ALLES AUF EINE KARTE GESETZT

Eine Liebeserklärung an das Leben

♡

Sie hat es gewagt. Aus Liebe. Johanna Fischer hat Chemie studiert und in der Forschung Karriere gemacht. Sie wird Projekt- und Abteilungsleiterin, übernimmt Aufgaben mit viel Verantwortung. Die Kehrseite der Medaille: Proportional schwinden ihre persönlichen Freiheiten und ihr Lebensglück. 2017 kommt sie an einen Punkt, an dem sie das alles nicht mehr will. Johanna Fischer fühlt sich gefangen in einem Leben, das sie nicht zufrieden macht: »Jeden Morgen an die Stempeluhr gehen, die Maske aufsetzen und menschlich die Ellenbogen ausfahren, das war nicht das, was mir gut tat und ich mir für mein Leben vorgestellt habe.«

Sie muss des Budgets wegen Personalentscheidungen gegen ihren Willen treffen, möchte nicht in einem Job festhängen, in dem sie wie mancher Kollege oder manche Kollegin irgendwann die Jahre, Monate, Wochen und Tage bis zur Rente zählt. »Das kann es nicht gewesen sein«, denkt sie sich. »Ich beschloss, dass ich jetzt glücklich sein möchte und mein Leben wieder lieben will.« Johanna Fischer entscheidet sich, ihr altes Leben hinter sich zu lassen und sich von all den negativen Gedankenschleifen zu trennen. Sie nimmt ihren ganzen Mut zusammen und kündigt. Kompletter Neuanfang. Ohne Netz und doppelten Boden.

Johanna Fischer überlegt lange, was sie glücklich machen könnte, und denkt darüber nach, was sie als Kind schon immer machen wollte. Da ist und war schon immer die Verbindung zur Natur und insbesondere zu Tieren. Da ist und war schon immer ihre ausgeprägte soziale Ader. »Hier ist Johanna, das ist meine Geschichte. Habt ihr einen Job für mich?«, schreibt sie an alle Tierparks in ihrer Umgebung. Der Leiter des Tierparks in Sommerhausen meldet sich bei ihr. Die Frau, die ein 1,0er-Diplom in Chemie hat und jetzt in einem Tierpark mitarbeiten möchte, muss er kennenlernen.

Am Ende öffnet Johanna Fischers altes Leben die Türen zu ihrem neuen. Ein Zufall? Nein, Zufälle gibt es in ihrem Leben nicht. Sie nennt es lieber »Schicksal«. Es folgen ein sehr gutes Gespräch, die Erkenntnis, dass sie genau diese Erfahrung jetzt machen muss in ihrem Leben und die Unterschrift unter einem Vertrag: ein Jahr Bundesfreiwilligendienst. Die Zeit im Tierpark ist wie eine Offenbarung für sie: »Ich kam nach Hause und habe gesagt ›Heute war der schönste Tag in meinem Leben.‹ Und am nächsten Tag kam ich nach Hause und habe gesagt ›Ich glaube, heute war der schönste Tag in meinem Leben‹.«

Bei der Arbeit mit Menschen mit Behinderung im tierpflegerischen Bereich entdeckt Johanna Fischer nicht nur ihre Begeisterung für die Natur und das Arbeiten an der frischen Luft (wieder). Sie trifft außerdem auf Alpakas, erfährt viel über die flauschigen Tiere und deren Zucht. Johanna Fischer ist sofort schockverliebt. Wen wundert's. Hat man einmal einem Alpaka in die Augen geschaut, ist es um einen geschehen. Die großen Knopfaugen, der unwiderstehliche Blick, einfach zum Dahinschmelzen.

Johanna Fischer lernt Walter kennen, Alpaka-Züchter aus Südtirol, der für die Tierpark-Mitarbeiter einen Vortrag hält. Sie: »War schön, dich kennenzulernen; sollte ich mir jemals Alpakas kaufen, dann komme ich auf jeden Fall zu dir.« Er: »Alles klar, Johanna.« Im Herbst 2018 klingelt das Handy von Walter, der freilich niemals damit gerechnet hätte, jemals wieder von Johanna Fischer zu hören: »Hier Johanna, es ist so weit. Ich komme vorbei und kaufe mir vier Alpakas.«

Ihr freiwilliges Dienstjahr ist inzwischen vorbei. Johanna Fischer steht vor der Entscheidung: Wieder zurück ins alte Leben?

Der Chemie treu bleiben, nur in einer anderen Firma oder in einem anderen Institut? »Nein, ich wollte nicht, dass es womöglich einfach wieder von vorne beginnt.« Sie ist überzeugt: »Nur wenn eine Tür wirklich zugeht, kann auch eine neue aufgehen.« Ihr Plan, Alpaka-Spaziergänge, Yoga mit Alpakas oder Fotoshootings anzubieten, steht. Johanna Fischer sagt sich: »Ich bin jetzt einfach mutig und gehe diesen Schritt. Wenn ich auf die Schnauze falle, bin ich wenigstens um eine Erfahrung reicher und habe vier coole Haustiere.«

Doch davon kann keine Rede sein. Es ist der Startschuss in ihr Lebensprojekt »Hannas Glücks-Alpakas«. Mit diesem will Johanna Fischer vor allem eines: Menschen dazu animieren, ihr Leben so zu lieben, wie sie es tut. »Ich möchte Menschen inspirieren, losgelöst vom stressigen Alltag wieder mehr zu sich und zur Ruhe zu kommen. Es geht darum, durch die Begegnung mit den Alpakas zum Innehalten anzuregen und neue Perspektiven auf das Leben zu bekommen, um dieses wieder mehr lieben zu lernen.« Die flauschigen Vierbeiner sind dafür die besten Begleiter. Für Johanna Fischer sind sie Experten in Sachen Entschleunigung: »Sie bringen uns bei, achtsam zu sein, ihnen, aber auch uns selbst gegenüber.«

Genau das liebt Johanna Fischer selbst so sehr an ihren »Jungs«, wie sie ihre Herde aus inzwischen neun Alpakas und drei Lamas liebevoll nennt. Nur wer den Tieren seine volle Aufmerksamkeit schenkt, mit ihnen körperlich und geistig auf Augenhöhe ist, kann sie für sich gewinnen. Mit ihnen unterwegs zu sein und gedanklich abzuschweifen? Unmöglich. Stellt ein Alpaka fest, dass man unachtsam ist, folgt die Quittung prompt. Das müssen auch die Spaziergänger immer wieder feststellen. Ein schnödes Selfie quittieren sie gerne mit Ausbüxversuchen.

Insbesondere eines ihrer Tiere, Philli, hält auch Johanna Fischer selbst immer wieder den Spiegel vor. Kommt sie auf ihre Koppel im unterfränkischen Ulsenheim, einem kleinen Dorf am Rande des südlichen Steigerwalds, und hat einen schlechten Tag, merkt ihr Seelentier das sofort: »Philli ist äußerst sensibel. Er muss mich nur anschauen, um zu merken, wie es mir geht. Sobald er feststellt, dass ich nicht bei der Sache bin, dreht er mir den Rücken zu und geht.«

Was Philli ihr sagen will: »So nicht.« Ihre Tiere zwingen sie, völlig in die Gegenwart einzutauchen, sich zu erden. Sie erinnern sie daran, ihr Leben zu lieben. Entweder ganz oder gar nicht. Letzteres ist für Johanna Fischer keine Option. Ihr neues Leben liebt sie um so vieles mehr, obwohl es mit einer größeren Zahl an Sorgen, Unsicherheiten und mit viel weniger Geld verbunden ist.

Mit ihrer Geschichte will die alleinerziehende Mutter einer kleinen Tochter auch andere Menschen ermutigen: Den Cut zu wagen. Aus ihrem Hamsterrad auszubrechen. An sich zu glauben. Vertrauen zu haben. Sich nicht von ewigen Zweiflern verunsichern zu lassen. Das Leben in die eigenen Hände zu nehmen. Nicht gelebt zu werden von diesem einen verdammt endlichen Leben, sondern es aktiv selbst zu leben und zu lieben. Im Hier und Jetzt. Im echten Leben und nicht nur auf Instagram und Co. Schließlich verdient es in ihren Augen jeder Mensch, glücklich zu sein.

»Da lebe ich mein schönstes Leben im Hier und Jetzt, bin dankbar, genieße und gebe mein Bestes. Trotzdem gibt es da Momente, in denen ich nicht mehr kann, erschöpft bin oder mir alles zu viel wird. Und dann komme ich hierher. Zu meinen Jungs. Ich setze mich auf den Boden, mitten in die Herde und lausche den Geräuschen, die sie machen, wenn sie fressen. Höre sie atmen und leise kommunizieren. Ich bin einfach nur da und spüre in mich hinein. Hier kann ich einfach nur sein und schöpfe neue Kraft. Das Leben ist schön und anstrengend und aufregend, ja manchmal atemberaubend und manchmal eben hart. Und alles das darf es sein. Das ist einer der Gründe, weshalb ich es so gewählt habe, mein Leben. Weil ich authentisch sein kann.«

Johanna Fischers Liebeserklärung ans Leben.

EINE TIERISCHE KUPPLERIN AUF SANFTEN PFOTEN

♡

Beim Tiergarten Nürnberg denken die meisten wohl in erster Linie an einen Besuch in der Delfinlagune oder im Manatihaus, an einen Abstecher zu Erdmännchen, Löwen, Tigern und Co., an eine Fahrt mit dem »Kleinen Adler« oder an eine Stippvisite im Streichelzoo. Doch der Tiergarten Nürnberg ist mehr. Er ist ein Ort der Liebe. Hier begehen Paviane Seitensprünge, Fauchschaben-Männchen singen für ihre Weibchen und Trampeltier-Hengste versuchen mit ihrem »Parfüm« Eindruck zu schinden.

Doch nicht nur im Tierreich ist der Landschaftszoo am Rande der Stadt im Lorenzer Reichswald ein Hotspot in Sachen Liebe, Sex und Balzverhalten. Auch bei Besuchern ist der Tiergarten Nürnberg ein Ort, an dem Amor schon treffsicher seine Pfeile verschossen hat. Und wie. Gäbe es den Tiergarten und insbesondere eine ganz spezielle vierbeinige Bewohnerin nicht, gäbe es auch kein gemeinsames Leben von Sandra und André.

Es ist ein heißer Sommertag im August 2015, als die beiden leidenschaftlichen Tiergartenfans ihrem »zweiten Zuhause« wie so oft einen Besuch abstatten. Jeder für sich. Noch getrennt und ohne vom jeweils anderen zu wissen. Aber fast schon vereint. Wie immer ist Sandra früh dran und bereits einige Minuten vor der Öffnung um 8 Uhr am Vorplatz des Eingangsbereiches. Denn dort treibt sich für gewöhnlich auch immer Lucy, die Tiergarten-Hauskatze, herum, um sich ein paar Streicheleinheiten abzuholen.

Während Sandra Lucy krault, kommt André dazu. Er ist selbst süchtig nach Katzen und auch sofort hin und weg von der getigerten Tiergartenbewohnerin.

Über Lucy kommen die beiden ins Gespräch. Wie es der Zufall so will, hat der Zug von Sandras Freundin, mit der sie unter anderem den Tag gemeinsam im Tiergarten verbringen möchte, Verspätung. Es bleibt Zeit für einen ausgedehnteren Plausch. »Ein netter Smalltalk zwischen zwei Tierliebhabern, nicht mehr und nicht weniger«, sind Sandras erste Gedanken. Denn das war es erst mal. Eine bloße Begegnung eben. Oder vielleicht doch nicht. André macht sich auf den Weg zu den Schneeleoparden, dem eigentlichen Grund seines Besuchs. Sandra zieht ebenfalls los.

Einige Stunden später, am Gehege der Fischkatzen, hört Sandra ein »Hello again«. Da ist er wieder. Einmal mehr sind es Katzen, die Sandra und André zusammenführen. Und dann? Sind sie einfach zusammengeblieben. Den Rest des Tages im Tiergarten und darüber hinaus. Sandra und André stellen fest, dass sie beide aus derselben Gegend im Nürnberger Land kommen. »Ich habe ihn dann ganz lieb angeblinzelt und gefragt, ob er mich nicht mit dem Auto heimfahren kann«, erinnert sich Sandra. André, ganz Gentleman, lässt sich nicht zweimal bitten.

Die beiden bleiben in Kontakt über – was sonst? – eine Tiergartenfreunde-Gruppe in den sozialen Medien. Sie tippen sich an den folgenden Tagen die Finger wund, gehen gemeinsam essen und ins Kino. Ein halbes Jahr später stellt André Sandra die Frage aller Fragen. Es folgen ein »Ja« und die Hochzeit im Sommer 2016 – inklusive Fotoshooting im Tiergarten, wie könnte es anders sein. Seit ihrer zufälligen (?) Begegnung am 23. August gehen Sandra und André gemeinsam durchs Leben und erfreuen sich als (Ehe-)paar am Tiergarten.

Die Liebe zu den Tieren verbindet sie. Der Tiergarten ist ihr gemeinsamer Wohlfühlort. Vor allem frühmorgens, wenn es noch ruhig ist und sie abseits der großen Besuchermassen als eine der einzigen Gäste fast allein in der weitläufigen Anlage unterwegs sind.

»Doch egal ob im Frühjahr, Sommer, Herbst oder Winter, die Lieblingszeit heißt miteinander«, lautet Andrés Liebeserklärung an seine Sandra. Und sie sagt: »Lucy verdanke ich einen wundervollen Partner, Mann und Freund an meiner Seite.«

Unzählige schöne Momente haben sie hier seither schon miteinander erlebt – vor allem natürlich mit Lucy, ihrer Kupplerin, der sie regelmäßig einen Besuch abstatten. Die Tiergarten-Hauskatze, so scheint es, wusste schon damals, dass mehr aus diesem ersten Aufeinandertreffen werden könnte. Ein Foto vom Tag ihres Kennenlernens zeigt Lucy mit einem Zeckenhalsband, das wie eine kleine Hochzeitsfliege wirkt.

Und die Moral von der Geschichte: Nicht nur wer den vielen seltenen Tierarten einen Besuch abstatten oder lebendige Natur erleben möchte, sollte an den Tiergarten denken, sondern auch wer die große Liebe sucht. Denn wer weiß, mit wem Lucy einen so ins Gespräch bringt. Die tierische Kupplerin auf sanften Pfoten ist meist im Eingangsbereich oder im Giraffenhaus anzutreffen, dort hat sie sogar eine eigene Bank. Worauf also noch warten, wenn man die Liebe seines Lebens sucht …

MEHR ALS »BASSD SCHO«

Eine Liebeserklärung an die fränkische Sprache

♡

Es führt kein Weg daran vorbei: Man muss Franken einfach lieben, schon der Sprache wegen. Kennern ist längst klar: Fränkisch ist eine der schönsten Sprachen der Welt. Allein das rollende »R«. Gibt es etwas Sinnlicheres als fränkische Spracherotik? Wohl kaum. Denn mal mal ehrlich, wer einen Franken »Erotik« sagen hört, ist hin und weg. Braucht das Hochdeutsche alle 26 Grundbuchstaben des Alphabets plus die drei Umlaute (Ä, Ö, Ü) sowie das Eszett (ß), besticht das Fränkische durch anmutige Schlichtheit. »T« oder »K«? Die beiden Buchstaben existieren in der fränkischen Sprache eigentlich nicht.

Kommt jetzt der Einwand, dies sei ja alles bloß Humor und Satire und überhaupt »a weng weng«, dann sei an dieser Stelle an Grit Nickel verwiesen. Die Linguistin und Dialektologin ist so vernarrt in die hiesige Landessprache, dass sie sich fundiert wissenschaftlich mit dem Fränkischen auseinandergesetzt hat. Das Thema ihrer Doktorarbeit: »Die Grammatik des Substantivs im Fränkischen und in anderen bayerischen Dialekten«. Von der fränkischen Sprache ist die gebürtige Sächsin, die für das Studium nach Erlangen kam, vom ersten Moment auf fränkischem Boden begeistert.

Vor allem die Kreativität der Franken in Bezug auf ihre Sprache und ihren Wortschatz hat die Wissenschaftlerin schätzen und lieben gelernt. Allein beim »Wischkästla«, dem fränkischen Synonym für das Smartphone, gerät Grit Nickel ins Schwärmen. Sie ist damit nicht allein. Der Begriff wurde 2015 zum ersten »Oberfränkischen Wort des Jahres« gekürt. In der Jurybegründung heißt es, das »Wischkästla« beschreibe das Smartphone »anhand seiner Form und Handhabung in einer Klarheit, die für alle verständlich ist und dem Gegenstand jede Abgehobenheit nimmt«.

Touché – möchte man als Franke da gerne beipflichten. Und schon hat man wieder einen Volltreffer gelandet. Denn das Französische hat das Fränkische in den letzten Jahrhunderten prägend beeinflusst. So geht man hierzulande auf dem »Droddoaa« und nicht auf dem Gehsteig oder sitzt gemütlich auf dem »Kannabee« statt auf dem Sofa. Welch sprachlicher Klang in einem Land, in dem sonst Knacklaute das Sagen haben.

Und dann ist da noch die Sache mit dem Fugen-s, Thema von Grit Nickels Masterarbeit und zugleich besonderer Kitt, der vor allem in Franken Wortkombinationen zusammenhält. Da wird der Schweinebraten (sofern es diesen in adäquater Form überhaupt außerhalb der fränkischen Landesgrenzen zu genießen gibt) zum Schweinsbraten, die Zettelwirtschaft zur Zetteleswirtschaft oder der Stöckelschuh zum Stöckelesschuh. Der Franke sorgt mit dieser sprachlichen Eigenheit für einen schöneren Klang, eine leichtere Aussprache und ein besseres Verstehen.

Schon genug Balsam auf die oftmals geschundene fränkische Seele? Keineswegs. Grit Nickel setzt mit ihrer wissenschaftlichen Aufarbeitung noch einen drauf, indem sie augenzwinkernd attestiert: »Mit Blick auf die Grammatik hat das Fränkische dem Bairischen eine Sache voraus. Im Vergleich zur bairischen ist die fränkische Sprache ›toleranter‹, weil sie mit Mehr- und Doppeldeutigkeiten besser umgehen kann.« Die fränkische Strategie lautet: »Laissez-faire« bzw. »Woschd«. Wer dazu auffordert »Bringst du mir bitte die Flaschn« kann sich in Franken nie so ganz sicher sein, ob er nun eine oder mehrere bekommt. Das Bairische hingegen hat solche Uneindeutigkeit zugunsten einer neuen bairischen Pluralform »flaschna« abgebaut. Es lebt sich gut in Franken – auch (oder gerade?) ohne eindeutigen Pluralmarker.

Nur in einer Sache muss die Fachfrau in Sachen fränkische Sprachkunde ihr Veto einlegen: Das rollende »R«, die fränkische Spracherotik schlechthin, findet sich leider auch im Bairischen und Niederdeutschen. »Oh weia«, möchte man da lauthals seufzen. Doch den Schmerz lindern die Zeilen eines unbekannten Verfassers (es muss ein Franke gewesen sein), wonach Gott am achten Tag die Dialekte erschaffen hatte und alle glücklich machte, die Berliner, die Hanseaten, die Kölner, die Hessen, die Sachsen, nur nicht die Franken. Für sie war leider kein Dialekt mehr übrig. An die traurigen Franken gewandt sprach Gott demnach: »Eds du dich hald ned oo, dou blauderst hald wie iech!« Und so gab's für die Franken ebenfalls ein Happy End.

Glücklich macht das Fränkische auch Grit Nickel – immer dann, wenn sie es hört. Ihre Liebeserklärung: »Fränkisch ist für mich der Klang meiner zweiten Heimat. Ich liebe die Bodenständigkeit und Kreativität, aber auch die Zukunftsfähigkeit des Dialekts.« Damit verbunden hat sie einen Wunsch: »Ich hoffe, dass wir an den Schulen nicht wieder dahinkommen, dass Lehrer den fränkischen Dialekt massiv abtrainieren, wie sie es in den 70er- und 80er-Jahren getan haben. Denn Dialekt zu sprechen ist eine bilinguale Kompetenz, und wir brauchen mehr Wertschätzung für das Fränkische.« Und wer weiß, vielleicht ist das Fränkische eines Tages ja genauso in den bayerischen Lehrplänen zu finden wie das Plattdeutsche in Schleswig-Holstein.

Womöglich steht dann auch Grit Nickels fränkisches Lieblingswort auf dem Stundenplan: »Gwerch«: »Lautlich ist es typisch fränkisch, und auch wenn die Wurzel des Wortes nicht nur im Fränkischen vorkommt, hat seine Bedeutung hier eine eigene Dynamik entwickelt – bis hin zur Nürnberger Spezialität. Es ist relativ breit einsetzbar, und jeder hat sofort ein Gefühl, was gemeint ist. Auch Nicht-Franken.« Die fränkische Sprache, man muss sie einfach lieben. Sie ist halt etwas ganz Besonderes. Wo sonst braucht es nur zwei Worte, um all das auszudrücken: »Schon in Ordnung«, »Der Rest ist für Sie«, »Das ist aber spitze« – »Bassd scho«.

JUGENDLIEBE 2.0

Wenn Amor zwei Anläufe braucht

♡

Die Geschichte von Gabi und Mirek aus Marktredwitz beginnt als typische Schwärmerei zwischen Teenagern. Beide gehen auf dieselbe Schule. Beide finden einander gut. Gabi vertraut ihrem Tagebuch an, dass sie Mirek sehr gerne mag, er ist so süß, nett, lustig und beliebt. Sie schreibt: »Er wäre mir sehr lieb, ich glaube aber nicht, dass er mit mir gehen würde.« Gabi denkt, ihr Mirek ist für sie unerreichbar. Und Mirek? Er hat dieselben Gedanken: »Ein so tolles Mädchen steht doch nicht auf einen 15-jährigen Buben wie mich.«

Dann, im Skilager, erste zaghafte Annäherungsversuche. Beide erinnern sich gut daran, wie sie bei einem Ausflug zu einer Hütte Händchen haltend zusammen gehen. Doch das Happy End bleibt aus. Zumindest zunächst. Bis heute überlegen Gabi und Mirek, wer damals, 1981, als Erstes die Hand des anderen wieder losgelassen hat. Denn mehr als diese vorsichtigen, zarten Bande zueinander knüpfen sie nicht. Keiner von beiden traut sich so richtig. Es folgen unzählige verstohlene Blicke und nicht weniger Missverständnisse. Doch mehr nicht. Obwohl sie insgeheim weiter füreinander schwärmen, verlieren sich Gabi und Mirek aus den Augen.

Gabi lässt sich zur Krankenschwester ausbilden und verlässt Marktredwitz schließlich kurz darauf in Richtung Tegernsee. Dort findet sie eine neue Heimat und macht sich als Therapeutin für Massage einen Namen. Mirek hingegen bleibt in Oberfranken. Es folgen Bundeswehr, Ausbildung zum Bankkaufmann, Familiengründung,

Hausbau. Auch Gabi findet einen Partner, mit dem sie Kinder bekommt. Hin und wieder begegnen sie sich noch in Marktredwitz, wenn Gabi auf Heimatbesuch ist. Mehr als ein schnelles »Hallo« oder ein kurzer Smalltalk sind nicht drin.

Eigentlich wäre die Liebesgeschichte von Gabi und Mirek – sofern es sie zu diesem Zeitpunkt je gegeben hat – an dieser Stelle zu Ende. Auserzählt. End ohne Happy. Eigentlich. Denn ihre Jugendliebe soll Jahrzehnte später schließlich doch wiederbelebt werden. Im Herbst 2008 feiert Mireks Klasse das 25-jährige Jubiläum ihres Abschlusses. Gabi ist nicht eingeladen. Sie hat eine Ehrenrunde gedreht und die Realschule in Marktredwitz erst ein Jahr später beendet. Doch wie der Zufall (oder Amor) es will, begleitet sie an diesem Abend eine Freundin aus Schultagen in ihre alte fränkische Heimat. Die Wege von Gabi und Mirek kreuzen sich nach 25 Jahren wieder. Ihre Blicke treffen sich. Sie unterhalten sich gut.

Plötzlich und unerwartet sind die Gefühle zurück. Die Anziehung von damals ist nach wie vor da. Mirek ergreift die Initiative, fasst sich ein Herz und offenbart Gabi im Gespräch, dass er sie schon immer »cool und lässig« gefunden und für sie geschwärmt hat. Ohne dabei die Absicht zu haben, dass der Abend Auftakt ihrer Jugendliebe 2.0 ist. Ohne dabei zu wissen, wie sehr dieser Abend sein Leben grundlegend durcheinanderwirbeln wird. »Sie ist immer noch etwas Besonderes für mich«, stellt Mirek damals fest. Gabi denkt: »Naja, das hätten wir auch früher haben können.« Heute sagen beide, dass sich an diesem Abend etwas geöffnet hat: »Es ist einfach so passiert. Die Gefühle zueinander haben uns nicht mehr losgelassen. Uns war schnell klar, dass da mehr zwischen uns ist.«

Gabi, damals nach 19 Jahren Partnerschaft frisch getrennt, hat eigentlich andere Pläne. Sie will erst mal allein mit sich und ihren beiden Kindern bleiben und sich nicht gleich wieder binden. Eigentlich. Denn sie und Mirek bleiben über das Klassentreffen hinaus in Kontakt. Es folgen Hunderte von Mails und Nachrichten. Sie stellen fest, wie viele Gemeinsamkeiten sie haben, dass sie dieselben Werte und Ansichten teilen. Schließlich öffnet sich auch Gabi und gesteht Mirek, dass sie ihn ebenfalls schon immer »gut gefunden« hat. Erstmals vis-à-vis treffen sich beide schließlich ein paar Monate später bei einem Fußballspiel des FC Bayern, zu dem Mirek Gabi nach München eingeladen hat. »Ich weiß noch, dass Mirek mich nach dem Spiel am Parkplatz das erste Mal umarmt hat«, erinnert sich Gabi. Die knapp zweistündige Heimfahrt zurück nach Marktredwitz verbringt Mirek telefonierend mit ihr.

Telefon und Video-Chat sind bis heute die treuen Begleiter der beiden. Denn die räumliche Distanz zwischen Oberfranken und Oberbayern ist bis heute geblieben. Beide wollen in der Nähe ihrer Kinder sein. Doch darüber hinaus trennt Gabi und Mirek nichts mehr. Seit 15 Jahren sind sie inzwischen ein Paar und glücklich miteinander. Sie treffen die Entscheidung, es miteinander zu wagen. Trotz aller Widerstände, Zweifel, Sorgen, Ängste und Widrigkeiten ist ihre Liebe zueinander am Ende stärker.

Besonders für Mirek, zu diesem Zeitpunkt noch verheiratet und zweifacher Familienvater, ist die Zeit keine leichte und schmerzhaft. Er hadert viel, ist zögerlich und aus schlechtem Gewissen seinen Kindern und seiner Frau gegenüber zwischen Gabi und seiner Familie hin- und hergerissen. »Unzählige Nächte habe ich wachgelegen und mich gefragt, was ich da eigentlich mache«, sagt Mirek. Er hat sich schließlich für seine Jugendliebe entschieden und ist heute glücklich.

Gabi und Mirek haben sich (wieder-)gefunden und nicht mehr losgelassen. Trotz aller Umstände fühlen sich die beiden vom Leben beschenkt. Sie haben sich an den Gegebenheiten orientiert und für sich etwas Gutes aus diesen gemacht. Konkret heißt das: Gabi und Mirek pendeln zwischen Marktredwitz und Gmund am Tegernsee. Sie führen eine Wochenendbeziehung und sehen sich im Durchschnitt alle zwei Wochen. Ihrer Liebe zueinander tut das keinen Abbruch. »Ganz im Gegenteil«, betonen die beiden, »jeder von uns hat seinen Bereich und seine Freiräume. Bei jedem Wiedersehen haben wir wieder Schmetterlinge im Bauch und sind wie frisch verliebt.«

Sich auf der einen Seite das Besondere zu bewahren und auf der anderen Seite gemeinsam Alltag zu leben – dafür haben Gabi und Mirek ihr ganz eigenes Rezept gefunden. Obwohl 300 Kilometer sie voneinander trennen, vergeht kein Tag, an dem sie nicht zusammen frühstücken und zumindest via Video ihren ersten Kaffee des Tages miteinander trinken. Am Abend lassen sie auf diese Weise den Tag gemeinsam Revue passieren. Ihr Resümee: »Manche Paare reden sicherlich viel weniger intensiv miteinander, als wir es tun, obwohl die sich jeden Tag leibhaftig sehen.«

Überhaupt ist die Kommunikation miteinander für Gabi und Mirek eines der As und Os für ihre Beziehung: »Wir nehmen immer Anteil an dem, was den anderen beschäftigt, und begegnen uns auf Augenhöhe.« So blicken sie gemeinsam über den Tellerrand und entwickeln sich als Paar weiter. Die anderen As und Os sind eine Liebesklärung von Mirek an seine Gabi: »Ich liebe an ihr, dass wir gemeinsam auch die vermeintlich kleinen Dinge im Leben schätzen können, wie einen besonderen Moment zusammen mit Freunden, einen gemeinsamen Spaziergang oder ein tolles Konzert. Außerdem liebe ich sie für ihren Optimismus und ihre Zuversicht, durch die sie mich in den dunkelsten Stunden meines Lebens getragen hat.«

Ihr gemeinsames Plädoyer: »Jeder sollte seinem Herzen folgen und Mut haben, wenn es um die große Liebe geht, auch wenn es unbequem und mit Herausforderungen verbunden ist. Nur so kann man dauerhaft glücklich sein.« Gabis und Mireks Wunsch: »Vielleicht erinnert unsere Geschichte den ein oder anderen daran, was im Leben wirklich zählt: die Liebe. Denn aus ihr wachsen Glück und Zufriedenheit.« Was bei vielen Paaren im Alltag allzu oft untergeht, leben Gabi und Mirek an 365 Tagen im Jahr. Sie sind der lebende Beweis, dass die Jugendliebe nicht immer nur bloß einen besonderen Platz in der Erinnerung einnehmen muss und Amor manchmal einfach zwei Versuche braucht, um erfolgreich zu sein.

WENN EIN KATHOLISCHER PRIESTER DIE FRAU FÜRS LEBEN FINDET

♡

Thomas Kirsch ist in seinem Leben zweimal seinem Herzen gefolgt und hat dafür steinige Umwege in Kauf genommen, viel riskiert und große Hürden überwunden. All das hat er aus innerer Überzeugung und aus tiefster Liebe getan. Aufgewachsen in der Fränkischen Schweiz und gut katholisch sozialisiert macht Thomas Kirsch eine Mechanikerlehre in Nürnberg. Immer wieder hört er von seinen Kollegen: »Thomas, du würdest echt einen guten Pfarrer abgeben.« Seine offene Art und seine Gabe, sich auf Menschen einzulassen und sich ihrer anzunehmen, kommt selbst bei denen an, die wenig mit Kirche und Gott am Hut haben.

Thomas Kirsch kommt ins Grübeln. Tief verwurzelt im Glauben, fest eingebunden in seine Heimatgemeinde in Untertrubach, fasst er schließlich einen Entschluss: »Ich probiere das jetzt einfach.« Er folgt seiner inneren Überzeugung und macht sich auf den Weg, das Mechanikerwerkzeug gegen Bibel und Gesangbuch zu tauschen. Mit 18 Jahren geht er nach Bamberg an eine Spätberufenenschule, um sein Abitur nachzuholen und schließlich Pfarrer zu werden. 1989 tritt er ins Priesterseminar ein, studiert katholische Theologie in Bamberg, Rom und Passau und wird schließlich im Juni 1996 zum katholischen Priester geweiht.

Es folgen Stationen als Kaplan in Herzogenaurach und Pegnitz sowie in Troschenreuth. Auf Wunsch des Bamberger Erzbischofs übernimmt Thomas Kirsch schließlich ab 2000 die Pfarrstelle in

Bühl. Hier wie dort beweist er, dass seine damaligen Kollegen mit ihrer Annahme recht hatten. Thomas Kirsch gibt einen hervorragenden Pfarrer ab. Er brennt für seine Berufung. Die Kirchenbänke sind voll. Der Zuspruch allerorts ist riesig. Immer wieder sucht er nach neuen Wegen, um die Menschen zu erreichen. Egal ob in seinen Predigten, beim Frühschoppen oder im Zeltlager der Jugend: Mit Feuer, Energie und Liebe nutzt er jede Gelegenheit, um Jung und Alt davon zu überzeugen, dass Kirche auch anders sein kann als gemeinhin angenommen.

Sein Credo: »Es geht darum, bei den Menschen zu sein, nicht bei den Gesetzen.« Kaum verwunderlich, dass Thomas Kirsch gemeinsam mit einem evangelischen Amtskollegen am Valentinstag geschiedene und gleichgeschlechtliche Paare segnet, lange bevor es zum großen Thema wird. Kaum verwunderlich, dass er immer wieder aus Bamberg zu hören bekommt: »Thomas, was haben Sie jetzt schon wieder angestellt.« Kaum verwunderlich, dass für Thomas Kirsch zu diesem Zeitpunkt nicht etwa das Zölibat ein schwieriges Thema ist, sondern das Gelöbnis zum Gehorsam – nämlich genau das zu machen, was sein Vorgesetzter, der Erzbischof, ihm zu tun vorschreibt.

Vier Jahre, nachdem Thomas Kirsch die Stelle in Bühl, einem Gemeindeteil von Simmelsdorf im Nürnberger Land, angenommen hat, wird schließlich doch das Zölibat zum alles entscheidenden Thema. Es ist der zweite Wendepunkt. Ein besonderer Mensch tritt in Thomas Kirschs Leben. Über die Pfarreiarbeit lernt er seine heutige Lebenspartnerin kennen, die für ihn immer wichtiger wird. »Mit der Zeit hat sich unser Miteinander mehr und mehr gefestigt. Man schießt sich mal rauf, blödelt miteinander, es fallen immer wieder auch Komplimente, man kommt sich nahe«, erinnert er sich.

Was ihm aber auch im Gedächtnis bleibt, ist die schwierige Zeit voller Sorgen und Ängste, Fragezeichen, Enttäuschung und Anfeindungen, die dann folgt. »Wir wussten natürlich nicht, ob aus unserem gemeinsamen Weg eine Beziehung werden kann, aber wir wollten es ausprobieren, weil wir sehr viel füreinander empfunden haben.« Beide machen es sich nicht leicht und haben es noch schwerer. Zeit miteinander verbringen, ein gemeinsamer Spaziergang oder ein Abendessen zu zweit – das geht allenfalls im Verborgenen fern der Heimat. Immer die Sorge im Hinterkopf, entdeckt zu werden. Stets der Gedanke präsent, etwas aus Sicht der Kirche Verbotenes zu tun.

Im Juli 2004 ist für Thomas Kirsch ein Punkt erreicht, an dem er all das nicht mehr möchte: »Ich wollte die Frau, die ich liebe, nicht länger verstecken und habe die Beziehung öffentlich gemacht.« Es folgen Gespräche mit der Bistumsleitung und ein Versetzungsgesuch. In seiner Kirchengemeinde ist das Entsetzen darüber groß. Bei den meisten aufgrund des drohenden Abgangs ihres Pfarrers. Sie wollen Thomas Kirsch – zölibatäre Lebensweise hin oder her – als ihren Seelsorger behalten. Nur eine Handvoll »wahrer Christen«, stets besonders fromm in der ersten Reihe der Kirchenbank betend, machen den beiden das Leben schwer. »Sie haben die Straßenseite gewechselt, wenn sie meine Lebenspartnerin gesehen haben, und uns in Drohbriefen aufs Übelste beschimpft.«

Genauso schlimm ist für Thomas Kirsch jedoch das Verhalten seiner Kirche ihm gegenüber: »Sieben Versprechen muss man bei der Priesterweihe abgeben. Alle stehen auf einer Stufe. Bei sechs davon ist es weitgehend egal, ob man sich an sie hält oder nicht. Doch bei einem ist alles anders.« Das Versprechen zum einfachen Lebensstil? Oft schnell vergessen. Was war da gleich noch mal mit einer Badewanne in der luxuriösen Limburger Bischofsresidenz …? Das Versprechen, die Verkündigung ernst zu nehmen? Mündet mitunter in einer kurzen Internetsuche am Samstagabend, um den Download dann am Sonntag als Predigt vorzutragen. Doch das Versprechen zum Zölibat? Wer dieses verletzt, ist unwiderruflich weg. Dass dies so sicher ist wie das Amen in der Kirche, muss Thomas Kirsch am eigenen Leib erfahren.

Ein Jahr Bedenkzeit bekommt er und soll in Erlangen-Büchenbach seelsorgerisch begleitend unterstützen. Doch für Thomas Kirsch ist schnell klar, wohin der Weg für ihn führen soll. Die Bistumsleitung stellt ihn schließlich vor die Wahl: entweder oder.

Thomas Kirsch entscheidet sich für die Liebe. Am Faschingssonntag 2005 ist es so weit. Er hält seine letzte Predigt in Amt und Würden. Nach dem Gottesdienst bittet Thomas Kirsch die Menschen um Aufmerksamkeit. Er verkündet, dass er suspendiert worden ist. Tränen fließen, nicht nur bei ihm, sondern auch bei vielen Gläubigen. Stola ausziehen, Kelch einpacken – das war's. Mit einem Mal sind alle Möglichkeiten, in der katholischen Kirche nochmals beruflich Fuß zu fassen, perdu: »Nicht einmal als Putzkraft hätte ich mehr arbeiten dürfen.«

Alle seine kirchlichen Ämter ist Thomas Kirsch damit los, nicht jedoch seine Würde und auch nicht seine innere Berufung. In seiner alten Heimat gibt ihm ein sehr guter Bekannter und Inhaber eines großen Reiseunternehmens zunächst eine neue berufliche Perspektive und finanzielle Sicherheit. Sechs Jahre arbeitet Thomas Kirsch erfolgreich in der Touristik und kommt etwas zur Ruhe. »Irgendwann habe ich aber gemerkt, dass das nicht alles ist. An meiner tiefen Verwurzelung im Glauben hat sich genauso wenig geändert wie an meiner Idee, warum ich immer Priester werden wollte, nämlich Menschen in den verschiedensten Situationen des Lebens zu begleiten.« Thomas Kirsch fasst den Entschluss, dieser Berufung künftig als freier Redner nachzugehen.

Doch wie sich einen Namen machen? Wie es der Zufall will, liest er davon, dass in Lauf an der Pegnitz, wo er inzwischen zu Hause ist, ein Gastronomiebetrieb nach neuen Pächtern sucht. So kommt es, dass Thomas Kirsch gemeinsam mit seiner Lebenspartnerin 2011 eine ganz besondere Gaststätte mit noch ungewöhnlicherem, für manchen vielleicht sogar provokantem Namen eröffnet. Der Plan geht auf. Mit ihrem *Zum ehemaligen Pfarrer* schaffen die beiden mitten in der Laufer Altstadt einen Ort der Begegnung, so wie er seine Gemeinden auch immer verstanden hat. Jung und Alt treffen sich auf ein gutes Bier und delikate fränkische Hausmannskost. Es gibt Veranstaltungen und Vorträge. Daneben organisiert Thomas Kirsch Ausflüge und kleinere Reisen und macht sich nach und nach einen Namen als freier Redner.

Der Alltag als Wirt und freier Redner ist auf Dauer aber kaum mit seinem neuen Leben gemeinsam mit Frau und deren Kindern vereinbar. »In meinen neun Jahren als Priester war es kein Problem, wenn ich an sechs von sieben Abenden in der Woche nicht daheim war«, scherzt er heute über die Vorteile des Zölibats. Sein neues Familienleben will Thomas Kirsch, selbst familienerprobt durch drei Brüder und neun Nichten und Neffen, freilich keinesfalls missen. »Natürlich war es eine Umstellung für mich, nicht mehr nur für mich allein, sondern für eine Familie verantwortlich zu sein und mehr Rücksicht nehmen zu müssen. Doch das Miteinander und Leben im Haus war vom ersten Moment an unglaublich bereichernd.«

Seit 2019 beschränkt sich Thomas Kirsch deshalb auf das, was ihm vor allem am Herzen liegt: Seelsorge – nur eben ohne Kirche. Er begleitet Hochzeiten, Beerdigungen und Willkommensfeiern, veranstaltet nach wie vor Fahrten und Reisen. »Was soll sich auch an meiner inneren Einstellung geändert haben«, lässt er keinen Zweifel an seinem Tun. »Ich bin heute genauso da für die Menschen, wenn auch nicht mehr als Angestellter der Kirche.«

Ohnehin ist es ihm wichtig, dass weder er noch seine Lebenspartnerin trotz des Erlebten mit ihrer Kirche gebrochen haben. Beide fühlen sich nach wie vor in ihr beheimatet und sind regelmäßige Gottesdienstbesucher. Seine Botschaft: »Ich will nicht verletzen, sondern wachrütteln.« Thomas Kirsch ist seinem Herzen gefolgt. Keinen seiner Schritte, und waren sie auch noch so steinig und hart, bereut er. Denn dadurch hat er das für ihn Wertvollste gewonnen: ein gemeinsames Leben mit seiner Frau an seiner Seite.

Nazaré, Portugal

EINE GEMEINSAME LIEBES- UND LEBENSREISE

Seit mehr als 30 Jahren als Paar um die Welt

♡

Ihre gemeinsame Reise beginnt 1988 und dauert seither an. Dabei sind die Voraussetzungen nicht die besten, als sich Tanja und Denis Katzer bei einem Skiausflug kennenlernen. Er, ein 28-jähriger erfolgreicher Vertriebsmann, sie, eine 17-jährige Schülerin, die Reiseverkehrskauffrau werden will. Denis Katzer steht zu diesem Zeitpunkt kurz davor, sein bisheriges Leben hinter sich zu lassen. Der gelernte Büromaschinenmechaniker, ausgebildete Einzelkämpfer, einstige Elitesoldat, geläuterte Pazifist und Verkaufsleiter eines großen Büromaschinenherstellers, dem alle Karrierewege bis ins Topmanagement offenstehen, will ausbrechen.

Als Expeditionsreisender und Entdecker plant Denis Katzer seine Heimat Franken für ein paar Jahre zu verlassen: »Ich wollte bei Urvölkern leben, in ihre Welt einsteigen, sie verstehen. Ich wollte wissen, was es bedeutet, ohne Zeitdruck reisen zu können, echte Freunde anderer Nationen zu gewinnen, deren Religionen und Anschauungen zu verstehen.« Er will endlich ohne Zwänge und Fremdbestimmung leben: »Ich war das erste Mal kurz davor, wirklich frei zu sein.«

Just zu dem Zeitpunkt, als Denis Katzer seinem großen Traum sehr nahe ist und kurz davorsteht, seine Reise zu beginnen, trifft er auf Tanja. Oder sie auf ihn. So oder so: Amor trifft sie beide. Mit voller Wucht.

Eines ihrer ersten Gespräche beginnt so:

Denis: »Du, ich muss dir was sagen. Ich gehe für ein paar Jahre auf Weltreise.« Tanja entgegnet keck: »Reisende soll man nicht aufhalten.« Doch schließlich will keiner von beiden mehr ohne den anderen sein. Denis will nicht mehr ohne Tanja aufbrechen. Tanja will Denis nicht mehr ziehen lassen. Sie werden ein Paar und ihre gemeinsame Liebes- und Lebensreise beginnt.

Im Spätsommer 1991 dann der große Schritt. Tanja und Denis Katzer brechen auf in ein anderes Leben. Beide geben ihre Berufstätigkeit auf, kappen die letzten Verbindungen nach Deutschland und machen sich auf. Unter dem Titel »Die große Reise« sind sie seither unterwegs. Mehr als 460.000 Kilometer haben sie bislang auf dem Land- und Seeweg zurückgelegt – auf dem Rücken von Kamelen, Pferden, Elefanten, zu Fuß, auf dem Fahrrad und Motorrad, mit ihrem Expeditionsmobil »Terra Love« und auf dem E-Bike.

Sie durchqueren vier Jahre lang das australische Outback, überwintern bei den letzten Rentiernomaden in der Mongolei oder unternehmen eine Pioniertour zum russischen Polarkreis. Die nächste Etappe ihrer gemeinsamen Liebes- und Lebensreise wird Tanja und Denis Katzer vom Nordpol zum Südpol, von den Eisbären zu den Pinguinen, von Alaska bis nach Feuerland führen. Am Ende ihrer geplanten 50-jährigen Expedition soll die längste dokumentierte Reise in der Geschichte der Menschheit stehen. Denn beide verfolgen ein Ziel.

Tanja und Denis Katzer verstehen sich als *Botschafter von Mutter Erde*: »Wir reisen stellvertretend für alle Menschen, um in Bild, Film und Wort einen realistischen und ehrlichen Blick vom Leben und von unserem schützenswerten Planeten zu transportieren. Wir wollen zeigen, wie es auf unserer Erde heute aussieht, wie sie sich wandelt und wie bedroht sie ist.« Dafür sind sie als Korrespondenten inzwischen mehr als 30 Jahre gemeinsam und meist auf engstem Raum unterwegs.

Während für viele Paare allein ein zweiwöchiger All Inclusive-Urlaub und erst recht vier Wochen Interrail durch Europa oder neun Wochen auf dem Jakobsweg ihre Liebe ernstzunehmend auf die Probe stellen würde, funktioniert die Beziehung von Tanja und Denis Katzer auch noch nach mehr als zwölf Erdumrundungen oder der Strecke einmal zum Mond und darüber hinaus. Eines ihrer Rezepte dafür: Geben und Nehmen. Akzeptanz und Toleranz.

»Wir Menschen sind von Grund auf Ur-Egoisten und sehr ichbezogen. In einer gelingenden Partnerschaft muss man in dieser Hinsicht einfach immer wieder über seinen Schatten springen«, plädiert Denis Katzer. »Es ist normal, dass die Wünsche des Partners mit den eigenen nicht immer konformgehen. Da hilft nur offenbleiben und bloß nicht zumachen. Wenn jeder immer nur sein Ding durchdrücken will, geht das auf Dauer nicht gut.« Ganz praktisch sieht diese Theorie bei den beiden beispielsweise so aus: Tanja möchte Ayurveda machen. »So ein Quatsch«, denkt sich Denis. Doch trotz mangelnder Lust geht er seiner Tanja zuliebe einfach mal mit. Das Ende vom Lied: Inzwischen ist auch Denis Ayurveda-Fan.

Anderes Beispiel: Tanja und Denis Katzer lernen in Nepal einen Australier kennen, mit dem sich insbesondere Denis richtig gut versteht. Tanja lässt die beiden für eine Woche ziehen, damit sie gemeinsam eine Motorradtour machen können. Und wenn es doch mal zu Meinungsverschiedenheiten kommt? Dann ist es für Tanja nicht nur wichtig, immer darüber zu sprechen, sondern wie man darüber spricht: »Man muss sich immer im Klaren sein, dass ein gesagtes Wort niemals zurückgenommen werden kann.«

Unvergesslich sind auch die Erinnerungen an das gemeinsam Erlebte. Die extremen, wie die schönen Dinge haben Tanja und Denis Katzer fest zusammengeschweißt. Es ist der Anfang ihrer gemeinsamen Expedition. Beide durchqueren Pakistan mit Kamelen. Beim Absetzen lassen von einem der Tiere passiert es plötzlich. Nur ein kurzer Moment der Unachtsamkeit. Das Kamel beißt Denis mit all seiner Kraft in die Hand. Tanja zögert nicht den Bruchteil einer Sekunde, springt dem Tier an die Unterlippe. Gemeinsam schaffen es beide schließlich, dass das Kamel ablässt und ihm nicht die Hand abreißt.

Immer wieder kommen Tanja und Denis Katzer gemeinsam an die Grenzen der eigenen physischen und psychischen Belastbarkeit. Immer wieder retten sie sich gegenseitig in vielen Momenten, bei vielen Gelegenheiten. Diese Erfahrungen sind für die beiden wie Tätowierungen, die einen immer daran erinnern, dass man sich gegenseitig absolut aufeinander verlassen kann. Mit ihrer besonderen Bindung wollen sie auch andere Paare erreichen: »In einer Zeit, wo viele bereits bei der kleinsten Kleinigkeit ihre Beziehung anzweifeln, ist es unglaublich wertvoll, wenn man einen Menschen an seiner Seite weiß, der im Extremfall selbst sein eigenes Leben für einen einsetzt, ohne zu überlegen.«

Und dann sind da noch die unvergesslichen positiven Momente: Sei es die duftende Kräuterwiese in der Mongolei, das naturgewaltige Farbenspiel eines Wintergewitters in einer entlegenen Bucht in den norwegischen Fjorden, ein Sonnenuntergang am Strand in Kambodscha oder die gemeinsame Pilzsuche im heimischen Reichswald in Behringersdorf vor den Toren von Nürnberg. Solche Augenblicke zusammen mit dem Menschen, den man liebt, erleben zu dürfen, schaffen aus Sicht von Tanja und Denis Katzer Erinnerungen, die das Leben als Paar ausmachen.

Auf Weltreise muss dafür übrigens niemand gehen. Für Tanja und Denis Katzer geht es darum, auch im Alltag die kleinen Dinge wertschätzen zu können: »Die gemeinsame Lebenszeit ist so kostbar und kann so schnell zu Ende sein, deshalb sollten wir uns immer genau überlegen, mit was wir sie füllen.« Die beiden haben ihre Antwort gefunden. Denn was vielen Paaren fehlt, haben Tanja und Denis Katzer: eine gemeinsame Lebensidee, ihr gemeinsames Liebes- und Lebensprojekt.

BERÜHMTE LIEBESERKLÄRUNGEN AN FRANKEN

»Daham« in einer der »schönsten Regionen der Welt«

♡

Gunter Gabriel hat es getan. Michael Ballhaus auch. Markus Söder macht es sowieso andauernd. Was der Schlager- und Countrystar, der berühmte Hollywood-Kameramann und der bayerische Landesvater gemeinsam haben? Ganz einfach: Sie alle haben an Franken eine ganz persönliche Liebeserklärung abgegeben.

Gunter Gabriel, der vor allem in den 70er- und 80er-Jahren die Konzerthallen in Deutschland füllte, war insbesondere Geiselwind sehr verbunden. Der kleine Markt im unterfränkischen Landkreis Kitzingen ist nicht nur wegen seines Freizeitparks in Sichtweite der Autobahn A 3 bekannt. Vor allem der ortsansässige Autohof der Familie Strohofer hat es ihm angetan. Glaubt man Gunter Gabriel, führt die Ausfahrt 76 schnurstracks in den Himmel.

Dem Ort, der einer rollenden Stadt gleicht, wo man auf einem Erlebnisrasthof rastet und eine der größten Veranstaltungsstätten im Land nebst Hotel, Autobahnkirche, Geschäften, Gaststätten oder einer eigenen Metzgerei findet, hat der Country-Sänger musikalisch gehuldigt: »Geiselwind, Geiselwind / der Himmel beginnt in Geiselwind / da, wo die Trucker zu Hause sind.« Es war Liebe auf den ersten Blick, als ihn im Oktober 1981 ein erstes Trucker-Festival auf den inzwischen größten Autohof Europas geführt hat. Die Liebe blieb bestehen: Bis zu seinem Tod 2017 pflegte Gunter Gabriel eine ganz besondere Beziehung zu Geiselwind. Immer wieder schlug er hier auf, als Country-Star auf der Bühne, als Gast, als Mensch. Weggefährten berichten, dass er sich sogar ein Haus in der Gegend habe kaufen wollen.

Anders Michael Ballhaus, der mit Rainer Werner Fassbinder das deutsche Kino prägte, an der Seite von Hollywood-Regisseuren wie Martin Scorsese und Francis Ford Coppola arbeitete und nach dem eine Kameratechnik benannt ist – der sogenannte »Ballhaus-Kreisel«, eine 360-Grad-Kamerafahrt. Der berühmte Hollywood-Kameramann hat seine Wurzeln in Franken. Michael Ballhaus ist im unterfränkischen Wetzhausen aufgewachsen und hat seiner Heimat eine filmische Liebeserklärung gemacht (»Unser Franken«, BR 2010). Gemeinsam mit seiner Schwester Ulla Ballhaus dokumentierte er seine Verbundenheit zur Region, so wie er es am besten konnte – im Bilde.

Markus Söder, so könnte man meinen, führt alle nur erdenklichen Liebeserklärungen an Franken – egal ob in Bild oder Ton – in seiner Person zusammen. Der fränkische, pardon, bayerische Ministerpräsident nutzt jede nur erdenkliche Gelegenheit für eine Hommage an seine Heimat. Auf der Zielgeraden des Bundestagswahlkampfes 2021 stärkte er sich gemeinsam mit Unions-Kanzlerkandidat Armin Laschet bei einem kurzen Mittagessen nicht irgendwo, sondern in seiner Heimatstadt mit Nürnberger Bratwürsten und Sauerkraut. Fränkisches Essen gebe schließlich Kraft, teilte er via Twitter mit.

Per Pressemitteilung ließ er im September 2022 mit Blick auf die Weinlese verkünden: »Franken und Wein gehören einfach zusammen. Frankenwein ist regional, modern und innovativ.« Das Knoblauchsland im Städtedreieck Nürnberg–Fürth–Erlangen wähnt er Tomaten liebkosend als Paradies (O-Ton Markus Söder auf Instagram: »Hier stehe ich im Paradies des Gemüses und das liegt mitten in Bayern: das Knoblauchsland«).

Am »Tag der Franken« in Aschaffenburg (der wird jedes Jahr rund um den 2. Juli in jeweils einer anderen Stadt begangen) erklärte er 2022 Franken überschwänglich zu einer der »schönsten Regionen der Welt«. Nicht ohne die Begründung für diese ultimative

Lobhudelei direkt mitzuliefern, versteht sich. Bodenständig, kultur-nah, heimatverbunden und äußerst treu sei er, der Franke. Und erst die liebliche Sprache – einfach nur zum Dahinschmelzen, gell?!

SEIT MEHR ALS FÜNFZIG JAHREN KEIN ABEND OHNE »GUTE NACHT«

♡

In ihrem gemeinsamen Leben hat es noch keinen Abend gegeben, an dem sie nicht »Gute Nacht« zueinander gesagt haben. Sicher, manchmal etwas durch die Zähne gepresst, aber niemals ohne. Und das will etwas heißen, denn gemeinsame Abende in ihrem Leben hat es schon einige gegeben. Mehr als fünfzig Jahre sind Marianne und Helmut Pfefferle ein Paar. Seit 1973 sind die beiden verheiratet. Während es laut dem Statistischen Bundesamt durchschnittlich 14,5 Jahre dauert, bis eine Ehe wieder geschieden wird, feiern sie 2023 Goldene Hochzeit.

Schon zu Schulzeiten hat Helmut Pfefferle für seine Marianne geschwärmt. Als er sie das erste Mal im Sportdress sieht, ist es um ihn geschehen. Sie, das sportlich-schlanke Mädchen aus der Stadt, stets umgeben von einer Traube an Verehrern und Bewunderern. Er, der nicht ganz so sportliche Bauernbub vom Dorf, der immer noch mit dem Kinderfahrrad fährt, während die anderen bereits ein Moped haben. »Was willst du damit gegen die Kerle aus der Stadt, du Bub vom Dorf? Da hast du keine Chance«, denkt er sich. Doch ihr Anblick, wie sie den Kopf mit den dunklen kurzen Haaren nach hinten streckt und lacht – er bleibt wie eine süße kleine Narbe im Herzen. So schön, so unerreichbar.

Kirchweih 1969. Die Partnerin seines Bruders bringt eine Freundin mit. »Könntest du dich nicht ein bisschen kümmern, Helmut?« Die Freundin ist Marianne. Es funkt. Seither gehen Helmut und Marianne Pfefferle gemeinsam durchs Leben. Viele Sonnenstunden haben sie zusammen erlebt, aber ebenso viele finstere Täler durchwandert. Die schwere Erkrankung von ihr, der viel zu frühe Tod seines Vaters und ihrer Eltern. Die Pflege seiner Mutter. Doch jede Sorge, die die beiden gemeinsam überstehen, schweißt sie enger zusammen, wie Nägel die Planken eines Schiffes noch fester zusammenhalten.

Auch 36 Jahre nach ihrer Hochzeit wohnt ihrer Liebe noch der Zauber des Anfangs inne. 2009: Marianne Pfefferle ist zum Klassentreffen eingeladen. »Willst du nicht doch mal hingehen, du warst doch immer der Mittelpunkt in deiner Klasse« – behutsam legt er seinen Arm um sie und sieht sie zärtlich an. »Ich habe keine Lust. Ist doch immer das Gleiche. Alle erzählen, was sie Tolles aus ihrem Leben gemacht haben. Und ich stehe dann da und kann nur von meiner Familie erzählen. Da komme ich mir so klein vor.« Marianne Pfefferle hat keine Lust hinzugehen, will den Samstagabend lieber mit ihrem Helmut daheim verbringen. Als er den Vorschlag macht, sie hinzubringen und auch früh wieder abzuholen, gibt sie schließlich widerwillig doch nach.

Es ist bereits dunkel, als sie in den Parkplatz vom Faberhof einbiegen. Er bringt sie in den Saal, wo schon fast alle da sind. Bevor sie sich versieht, ist sie in einer Gruppe verschwunden, prasseln die ersten Fragen auf sie ein. Ein letztes »Bis später, ruf einfach an«.

Gegen elf Uhr kommt der Anruf. Sie fühlt sich nicht wohl, will endlich wieder nach Hause. Er fährt zu ihr. Als Helmut Pfefferle den Saal betritt, ist es fast wie vor vierzig Jahren, als er sie das erste Mal im Sportdress gesehen hat. Sie dreht leicht den Kopf, und der Blick trifft ihn wie ein Speer. Für ihn ist es ein Blick, der das Wachs an Ikarus' Flügeln zum Schmelzen bringt. Kein Held, aber ihr Held, kein Adonis, aber ihr Adonis, ihr Mann. »Er kommt zu mir, er holt mich ab, er rettet mich.« Das *wir* hat in ihrem Leben schon lange das *ich* ersetzt. »Für dieses Geschenk sind wir sehr dankbar«, sagen beide.

In einer Zeit, wo viele denken, der Stadt gehört die Zukunft, zeigen sie ihre andere große Liebe, die zum Land. Im Sommer 2005 ziehen sie aus der Nähe von Thalmässing an den Fuß des Walberla in die Fränkische Schweiz. Das abseits der großen Durchgangsstraßen gelegene Dörfchen Seidmar wird ihr neues Zuhause. Der Liebe wegen. Ihre Tochter heiratet nach Hundshaupten, bekommt drei Kinder. Als Oma und Opa knapp hundert Kilometer entfernt von ihren Enkelkindern leben – das wollen Marianne und Helmut Pfefferle nicht. »Ich bin meiner Tochter sehr dankbar, dass wir heute in einem der schönsten Landstriche Bayerns leben dürfen«, resümiert Helmut Pfefferle beim Blick aus seinem Wohnzimmerfenster auf die blühenden Kirschbäume, die den Garten umrahmen.

Spricht er über seine Wahlheimat, bekommt er dasselbe Leuchten in den Augen wie sonst nur, wenn es um seine Marianne geht. Die Region rund ums Walberla ist seine zweite große Liebe. Auch für diese macht sich Helmut Pfefferle stark, wann immer es geht. Niemand Geringeren als einen der renommiertesten Schauspieler Deutschlands hat er im persönlichen Gespräch bereits von der »Genussregion« überzeugen können. Denn der nimmermüde und umtriebige Tausendsassa hat eine weitere Leidenschaft. Als Komparse ist das fränkische Original immer wieder auf dem Fernsehschirm zu sehen.

Und in den Drehpausen? Da preist er eben ganz nebenbei Schauspielgranden wie Ulrich Tukur die Vorzüge der von ihm (nicht zufällig) geführten Tourismusregion rund ums Walberla an. »Wann immer jemand mit einer Kamera, einem Mikrofon oder mit Block und Stift vor mir steht, nutze ich das natürlich für uns«, schmunzelt Helmut Pfefferle. So auch, als er als Komparse beim Franken-Tatort mitgewirkt hat. »Ich habe allen vom Bayerischen Fernsehen meine Visitenkarte in die Hand gedrückt. Jetzt weiß jeder, wo das Walberla liegt.«

Der zertifizierte Genussbotschafter will damit Perspektiven schaffen für die fränkischen Kleinode abseits der Tourismuszentren: »Ich möchte dafür sorgen, dass diese wunderschöne Gegend im wahrsten Sinne des Wortes lebenswert bleibt und Menschen hier auf dem Land wohnen bleiben.« Dafür hat er sogar ein eigenes

Reisebüro gegründet: Eines, in dem man keine Reise auf die Malediven buchen kann, sondern in die Fränkische Schweiz.

Seine Gleichung: »Wenn fünfzig Menschen mit dem Bus hierherkommen, gehen diese Mittagessen, besuchen unsere Brenner, Brauer, Bäcker, Metzger und entdecken die Schönheiten unserer Landschaft. Sie kommen wieder, manche vielleicht sogar für immer, und den Menschen hier geht es gut.« All das macht Helmut Pfefferle im Ehrenamt und aus Liebe. Er will es als seinen persönlichen Beitrag verstanden wissen, für die Region, die Marianne und ihm sein Leben so gut gestaltet.

Mit der Fränkischen Schweiz ist es für Helmut Pfefferle manchmal wie in einer eingefahrenen Ehe, in der manch einer über die Jahre die Schönheit seines Partners nicht mehr wertschätzt, weil er ihn jeden Tag sieht: »So geht es den Menschen auch hier manchmal: Sie sehen die Schönheit unserer wunderbaren Region nicht mehr, weil sie diese immer vor Augen haben.« Er selbst ist auch nach all den Jahren immer noch in den Flitterwochen. Mit der Fränkischen Schweiz. Mit seiner Marianne sowieso. Auch nach mehr als fünfzig gemeinsamen Jahren gehen sie niemals wütend aufeinander schlafen. Das Erfolgsrezept ihrer Liebe klingt simpel, für viele ist es jedoch die größte Hürde. »Gute Nacht.«

LIEBE OHNE REUE

Innige Gefühle für den einzig wahren »Club«

♡

Hand aufs Herz: Haben Sie Liebe schon einmal bereut? Freilich, im Beisein Ihrer Partnerin oder Ihres Partners kann es nur eine richtige Antwort geben. Was im Zwischenmenschlichen gilt, hat auch für die Beziehung zum 1. FC Nürnberg Bestand. Selbst wenn eingefleischte »Clubberer« ob der diversen Dramen und Tragödien mitunter ins Grübeln kommen, würden sie die Frage nicht bejahen. Denn gerade wegen all seiner dramatischen Geschichten und zweifelhaften Rekorde liebt man ihn doch, den »Glubb«.

Wer Langeweile in seiner Beziehung sucht, ist sicherlich mit der Konkurrenz aus der Landeshauptstadt besser bedient. Aber mal ehrlich: Jedes Jahr mit einem Gähnen vor dem Rathausbalkon stehen und genauso routiniert wie gelangweilt gleichmütig den x-ten Meistertitel beklatschen, wer will das schon? Wer stattdessen Achterbahnen der Gefühle liebt, die Redewendung »himmelhoch jauchzend, zu Tode betrübt« nicht nur gerne liest, sondern selbst immer wieder fühlen möchte, der ist beim fränkischen Traditionsverein besser aufgehoben.

In der Saison 1968/69 die »Sensation« zu schaffen, als amtierender Deutscher Meister abzusteigen (ein bis heute einsamer Negativrekord), nach einem 2:0-Sieg über den Erzrivalen Bayern München seinen Trainer zu entlassen oder sich im Juli 2020 erst in allerletzter Sekunde vor dem Absturz in die Drittklassigkeit zu retten – das sorgt für Emotionen. Das ist es doch, was Liebe ausmacht.

Oder haben Sie schon mal einen Fußballverein gesehen, dem in der Hinrunde kein einziger Sieg gelingt, der aber dennoch im Abstiegskampf mit dem Rücken zur Wand voll und ganz auf Offensivfußball setzt? Na eben.

Der »Club« bietet einem alles außer Langeweile, lässt einen Aufstiege bejubeln, Abstiege beweinen, besondere Siege feiern oder magische Momente erleben. Gänsehaut pur gab es im Max-Morlock-Stadion in der magischen Nacht des 17. April 2007. Dieses Datum wird in Nürnberg niemand vergessen. Mit einem 4:0 in seinem Wohnzimmer schickte der Club Eintracht Frankfurt im Pokal-Halbfinale nach Hause und legte damit den Grundstein für den späteren Gewinn des DFB-Pokals in Berlin. Am Ende eines fantastischen Fußballabends stand der Einzug ins Pokalfinale. In Erinnerung bleiben Lichteffekte, Standing-Ovations, »Oh, wie ist das schön«-Gesänge und begeisterter Jubel. »Berlin, Berlin, wir fahren nach Berlin!«

Doch der »Club« wäre freilich nicht der »Club«, wenn er nicht in der darauffolgenden Saison als stolzer DFB-Pokalsieger abgestiegen wäre, mit einer 0:2-Niederlage am letzten Spieltag zu Hause gegen den FC Schalke 04. Ausgerechnet Schalke, gerade der Verein, mit dem der Club durch eine Fanfreundschaft verbunden ist. Der »Glubb« ohne Drama wäre nicht der »Glubb«. Trotzdem, nein gerade deshalb gilt: »Ich bereue diese Liebe nicht.« Von dem, was die 2014 von den Ultras Nürnberg angestoßene Kampagne sagen will, kann sich jeder Liebende eine Scheibe abschneiden: (Vereins-)liebe geht weit über das nackte Ergebnis hinaus und hat vor allem auch in schwierigen Zeiten Bestand.

Gunter Sachs und Brigitte Bardot in Südspanien

GUNTER SACHS UND BRIGITTE BARDOT

Die Schöne und der Playboy

♡

Schloss Mainberg. Ein Ort mit langer, wechselvoller Geschichte. Hoch über dem Main gelegen, wenige Kilometer von Schweinfurt entfernt, ist der imposante Bau seit alters her von Weinbergen umgeben. Sein Vorläufer, ein Schutzturm, wurde bereits zwischen 900 und 1000 errichtet. Lange gehörte das Schloss den Grafen von Henneberg, ehe es in bürgerliche Hände fiel. 1915 kaufte es der Schweinfurter Unternehmer Ernst Sachs, der Fahrradtüftler, der es mit der Erfindung des Rücktrittsbremse und der Naben-Schaltung zu großem Reichtum gebracht hatte. Im Schloss Mainberg, das er prächtig umbauen und dekorieren ließ, wurden seine beiden Enkelsöhne geboren, Ernst Wilhelm und im Jahr 1932 Gunter.

Playboy, ist das ein Beruf? Wenn nicht, so hat ihn Gunter Sachs dazu gemacht, mit allen notwendigen Accessoires: schicken Schlitten, Champagner in angesagten Clubs, Pool, Partys, Paparazzi. Die angenehme Leichtigkeit des Seins. Nur nicht zu lange in derselben Villa bleiben! Strände, Bootstouren, Saint Tropez – und das Wichtigste natürlich: stets eine schöne Frau an der Seite. Mindestens eine. Und möglichst jede Woche eine neue.

Das Leben, ein ewiger Flirt. So sieht es auch Brigitte Bardot. Verliebe dich oft, genieße das Abenteuer, aber lass dich auf nichts Festes ein. Warum einen Mann glücklich und neunhundertneunundneunzig unglücklich machen? In ihrer Einstellung zur Liebe sind sich die beiden ähnlich, der aufstrebende Filmstar aus Frankreich und der Millionärssohn aus Franken.

»Woher kommst du?«
»Von einem Schloss am Main.«

Er spricht nicht gerne über seine Herkunft. Wie bitter ist die Kindheit gewesen! Die Eltern stritten sich bis aufs Blut. Kurz nach der Machtergreifung der Nazis, Gunter war kaum drei Jahre alt, trennten sie sich. Der Vater: ein glühender Nationalsozialist. Die Mutter: eine entschiedene Gegnerin Hitlers. In ihrer Not plante Elinor, die energische Frau aus der Opel-Dynastie, mit ihren Kindern in die Schweiz zu flüchten. Doch ihr Mann hatte Helfer, mächtige Helfer, Nazigrößen, mit denen er auf die Jagd ging, mit denen er auf Schloss Mainberg rauschende Feste feierte: Göring, Heydrich und Himmler. Sie hatten ihren reichen Gönner zum Wehrwirtschaftsführer gemacht, halfen ihm nun privat. Ein SS-Trupp wurde der Mutter und den Söhnen hinterhergeschickt, erreichte die Flüchtenden hinter der Reichsgrenze in Liechtenstein. Zum Glück ging die eidgenössische Polizei dazwischen, befreite die Familie, begleitete sie in die Schweiz. Vater Sachs aber kämpfte wütend weiter, beantragte das Sorgerecht, plante sogar eine Entführung, die nur dank der Wachsamkeit von Schweizer Nachbarn scheiterte. Gunter und sein älterer Bruder Ernst Wilhelm wurden für Monate in einem Waisenheim untergebracht, bis sich die Mutter traute, sie zu sich zu holen. Eine bittere Kindheit, über die man nicht gerne spricht.

Auch als er erwachsen wird, ist Gunter Sachs das Glück nicht hold. Dramatisch das Jahr 1958. Seine Frau Anne-Marie, Mutter seines dreijährigen Sohnes Rolf, verunglückt mit dem Auto, kommt ins Krankenhaus, stirbt an der Narkose. Mit gerade 26 Jahren ist Gunter Sachs Witwer, sein kleiner Junge kommt bei der Großmutter unter. Im selben Jahr bringt sich Gunter Sachs' Vater um, jagt sich eine Kugel durch den Kopf. Wie bekommt man da sein Leben wieder in den Griff? Wo holt man sich Trost?

Gunter Sachs trifft Brigitte Bardot. Wo genau sie sich kennengelernt haben? Auf einem Filmfest? Auf einer Party des Jetsets? Bei einem Jachtausflug vor Saint Tropez? Als Fotomodell hat BB ihre Karriere begonnen, unschuldig und verführerisch zugleich, hat Filme mit prominenten Regisseuren gedreht, hat zweimal geheiratet, sich nach wenigen Jahren jedoch bereits wieder getrennt. Sie liebt viel und leidenschaftlich. »Das liegt in meiner Natur«, sagt sie später. Sie wartet nicht, bis ein Mann die Initiative ergreift, sie schnappt sich die Männer, die ihr gefallen. Nun also Gunter Sachs, den freundlichen Gentleman. Großzügig ist der Charmeur, männlich und sehr lässig. Dass er eine Freundin hat, stört BB nicht. Die Liebe ist ein Spiel, es wird immer Gewinner und Verlierer geben.

Frühling 1966. Brigitte Bardot liegt im Garten ihrer Villa in Saint Tropez, als Rotorenlärm ertönt, der immer lauter wird. Verwundert erhebt sich die Schöne, legt schützend die Hände vor die Augen, blickt zum Himmel. Ein Hubschrauber fliegt in niedriger Höhe heran. Wer ist das? Neugierige Touristen? Ungebetene Paparazzi? Nun steht der Hubschrauber knatternd über ihrem Haus, der Mann auf dem Copilotensitz öffnet die Seitentür, da fängt es an zu regnen, tausend rote Rosen regnet es herab. Ungläubig schüttelt die Bardot ihre blonde Mähne. Das ist ja Gunter! Was für ein verrückter Kerl. Ein solches Verlobungsgeschenk hat es noch nicht gegeben.

Verwackelte Filmaufnahmen, schwarz-weiß. Ein Casino in Las Vegas, nur wenige Wochen nach dem Rosenregen. Brigitte Bardot in weißem Kleid, Gunter Sachs, wie man ihn kennt, locker, leger, mit weit geöffnetem Hemd, barfuß sogar. Die Worte des Standesbeamten, der Tausch der Ringe, ein langer Kuss: Nun sind sie verheiratet, die schöne Französin und der Playboy.

Ein Playboy zwar, aber keiner von der dummen Sorte. Gunter Sachs, der studierte Mathematiker, besitzt einen hohen Kunstverstand, schließt Freundschaften mit Malern der Moderne, gibt ihnen die

Chance, ihre Bilder auszustellen. Als von dem noch weitgehend unbekannten Andy Warhol keiner etwas kaufen will, erwirbt der Gallerist Sachs die Hälfte der Bilder heimlich selbst, um Warhol nicht zu enttäuschen. Doch nicht nur als Kunstmäzen betätigt sich Gunter Sachs. Schon früh hat er die Kamera für sich entdeckt, dreht Filme und schießt Fotos, Aufnahmen mit Anspruch, die vielfach ausgezeichnet werden. Gunter Sachs ist ein Augenmensch, Anmut und Schönheit, besonders der weiblichen, kann er sich nicht entziehen.

Die Ehe beginnt, wie es sich für eine Ehe eines Glamourpaares gehört, mit standesgemäßen Flitterwochen. Die Fernwehwelten von Tahiti sind das Ziel, das unschuldige Südseeparadies, passende Kulisse für das Traumpaar der Regenbogenpresse: weiße Strände, schlanke Palmen, blaue Lagunen.

Fotos über Fotos. Gunter Sachs im Ferrari auf den Champs Élysées, Brigitte Bardot auf dem Beifahrersitz, beide Gesichter bleich vom Blitzlichtgewitter; im Winter in Gstaad, Gunter Sachs mit lässig umgeschlagenem Schal, die Bardot im taillierten Pelz mit Hündchen an der Leine; in Italien vor den Ruinen eines römischen Tempels, Gunter Sachs mit sonnengebräunter Brust und Goldkettchen um den Hals, das Hemd bis zum Bauchnabel aufgeknöpft, Brigitte Bardot im Mini, die hübschen Beine keck nach außen gestellt; auf einer Party, Gunter Sachs im Smoking, Brigitte Bardot im Glitzerfummel. Beide immer freundlich, liebenswert, lächelnd. Keine Allüren, keine Skandale. Gunter Sachs sieht aus, als könne er umstandslos in die Rolle eines Hippies schlüpfen oder in die eines Schlagerstars bei Dieter Thomas Hecks Hitparade.

Fotos über Fotos, vom großen, weiten Erdenrund. Wo man sie nicht sieht: in Franken. Dabei ist Gunter Sachs mit Brigitte Bardot auch in seine Heimatstadt Schweinfurt gereist, hat mit ihr in seiner Villa nahe dem Leopoldina-Krankenhaus gewohnt, auf geschätzten tausenddreihundert Quadratmetern. Fotos gibt es davon nicht, alles sollte privat bleiben. Ob Gunter Sachs ihr das Familienunternehmen gezeigt hat? Das Stadion, das den Namen seines Vaters Willy trägt? Das elegante Freibad und all die anderen Geschenke, die die Familie der Stadt gemacht hat? Oder das imposante Familiengrab, in dem auch sein Vater bestattet worden ist, begleitet von zwanzigtausend Menschen? In einen Baum des weitläufigen Parks seiner Villa soll Gunter Sachs zum Messer gegriffen und ihre Initialen in die Rinde geritzt haben: GS und BB. Ob der Baum noch steht?

Bäume sind sanftmütig, haben ein langes Gedächtnis. Kürzer ist die Treue des Menschen. Schon bald beginnt es zwischen dem Traumpaar zu kriseln, nehmen sie sich getrennte Wohnungen in Paris. Jeder geht seinen Leidenschaften nach, Gunter Sachs der Kunst, Brigitte Bardot dem Film. Ob sie sich darüber entfremden?

Mai 1967, Nacht über Paris. Ein Mann sitzt am Klavier, komponiert ein Lied für seine verflossene Liebe, für Brigitte Bardot. Der Song soll Musikgeschichte schreiben. »Ich liebe dich …, ich auch nicht«, lautet der Titel auf Deutsch, im Original »Je t'aime … moi non plus«. Die Melodie ist leicht und eingängig, bildet den Hintergrund, vor dem zwei Liebende singen, hauchend, stöhnend, sich hineinsteigernd in einen Rausch der Sinne. Der Mann, der das Lied schreibt, heißt Serge Gainsbourg, Raucher, Trinker, Chansonnier. Für ihn ist klar: Dieses Lied kann er nur, dieses Lied will er nur mit seiner Brigitte singen, verheiratet oder nicht, was spielt das für eine Rolle? Propagiert nicht auch ihr deutscher Mann die freie Liebe?

Oktober 1967. Brigitte Bardot geht mit Serge Gainsbourg ins Studio, gemeinsam nehmen sie das Lied auf, eine Hymne auf die körperliche Liebe, auf das Begehren, ein Duett der intensivsten Form: »Ziellos wie eine Welle komme ich und gehe ich, komme zwischen deinen Lenden«, singt er, sie antwortet ihm mit immer erregterer Stimme, erregt ihn mit ihren Lauten und befiehlt ihm auf dem Höhepunkt des Liedes schließlich: »Maintenant, viens!«

Im Dezember soll die Platte erscheinen, doch Brigitte Bardot kommen plötzlich Bedenken. Zwar ist ihr klar, ihre Ehe ist nicht mehr das, was sie sich von ihr versprochen hat, dennoch, sie will ihren Gunter nicht vor den Kopf stoßen. Schnell kritzelt sie ein paar

Zeilen aufs Papier, bittet Gainsbourg, das Lied nicht zu veröffent-
lichen. Vierzigtausend Singles sind bereits gepresst, warten auf die
Auslieferung. Serge Gainsbourg liest den Zettel und überlegt nicht
lange, lässt alle Platten schreddern. Einfach so. Ohne eine Entschä-
digung zu verlangen. Was er noch nicht ahnen kann: Drei Jahre später wird er das Lied neu aufnehmen, mit seiner neuen Partnerin
Jane Birkin.

Drei Jahre. Eine kurze Zeit? Eine lange? Wer will es entscheiden?
Die Maßstäbe sind andere bei der Hautevolee, die bürgerliche
Messlatte versagt. Fest steht: Nicht Brigitte Bardot, sondern Gunter
Sachs ist es, der die Scheidung einreicht. Kein Rosenkrieg folgt, keine endlosen Gerichtsprozesse. So schnell sie zueinander gefunden
haben, so schnell trennen sie sich wieder. Mit der Trennung von BB
scheint Gunter Sachs sein Playboy-Image an den Nagel gehängt zu
haben. Kurz darauf heiratet er erneut. Wieder ist es ein Model, ein
schwedisches dieses Mal, blond, elfengleich. Zwei Söhne werden
ihnen geschenkt, die Ehe hält bis zu seinem Tod.

Sein Tod: selbstbestimmt, wie sein Leben. Von Depressionen ge-
plagt, befällt Gunter Sachs die Angst, dement zu werden. Viele
Symptome, die er bei sich feststellt, deutet er in diesem Sinne. Die
Kontrolle über sich selbst zu verlieren, diese Vorstellung ist ihm
ein Grauen, auch seiner Familie möchte er das nicht antun. In der
Nacht vom 6. auf den 7. Mai 2011 erschießt sich Gunter Sachs in
seinem Haus in Gstaad. Er wurde 78 Jahre alt. Der letzte Playboy.
  Als Brigitte Bardot von seinem Tod erfährt, reagiert sie tief be-
troffen: »Für mich wollte er nur das Schönste vom Schönen. Und
ich liebe ihn immer noch unendlich.«

Filmkulisse St. Tropez für den Film
»Und ewig lockt das Weib« mit Brigitte Bardot

RISTORANTE
CAPRI
und
BLAUE GROTTE

IN DIESEM HAUS GRÜNDETEN
NICO DI CAMILLO
UND SEINE FRAU M. JANINE GEB. SCHMITE
AM 24. MÄRZ 1952
DIE 1. PIZZERIA IN DEUTSCHLAND
WÜRZBURG 24. MÄRZ 2002

CAPRI BLAUE GROTTE
● Älteste Pizzeria Deutschlands ●
RISTORANTE
ITALIANO
Alle Speisen auch zum Mitnehm...
Würzburger Hofbräu

LIEBE GEHT DURCH DEN MAGEN

Wie eine Lovestory die Pizza nach Franken (und Deutschland) brachte

♡

Liebe geht durch den Magen. Wo, wenn nicht in Franken, hat dieses
Sprichwort seine Berechtigung. Im Land des Karpfens, des Schäu-
feles oder der Schlachtschüssel, dem Inbegriff der fränkischen Flei-
scheslust, gehört »Amore« in der Küche einfach dazu. Nicht zu
vergessen natürlich die Bratwurst, die in keinem anderen Land-
strich mit so viel Liebe zubereitet wird wie im wurstseligen Franken: mal über lodernden Kiefernzapfen (Coburg). Mal gerade
so groß, dass sie auch nach der Sperrstunde noch von Gastwirten
durch die Schlüssellöcher ihrer Gasthäuser verkauft werden kann
(Nürnberg). Mal verfeinert mit einem bunten Allerlei (Spaghetti-,
Bratapfel- oder Gin-Tonic-Bratwurst gibt es im unterfränkischen
Sommerkahl beim Kreativmetzger Freund). Und dann ist da noch
die Pizza ...

»Wie?«, denken Sie sich jetzt vielleicht. Was hat denn das italienische Nationalgericht mit Franken und der Liebe zu tun. Eine
ganze Menge. Man mag es kaum glauben: Ihren Siegeszug durch
die deutschen Speisekarten hat die Pizza in Unterfranken begonnen. In einer Gaststätte am Rand der Würzburger Altstadt eröffnete
am 24. März 1952 die erste deutsche Pizzeria überhaupt. Ausgangspunkt für diese deutsch-italienische Liebesgeschichte: ebenfalls
eine deutsch-italienische Liebesgeschichte – eine äußerst romantische und fast schon märchenhafte noch dazu.

Deutschland nach dem Krieg. Nicolino di Camillo, Sohn eines Schuhverkäufers, verlässt seine Heimat Abruzzen auf der Suche nach einer Perspektive für sein Leben und folgt der U. S. Army nach Franken. Er hält sich mit diversen Jobs über Wasser, arbeitet als Fahrer und Küchenhilfe. In Nürnberg lernt Nicolino, von den Amerikanern meist nur »Nick« genannt, Janina Schmitt aus Würzburg kennen, die als Tänzerin an der Oper in Nürnberg arbeitet. Die Liebesgeschichte zwischen den beiden und der Einzug der Pizza in die deutsche Gastronomie nehmen ihren Lauf.

Die beiden setzen Nicolino di Camillos zu diesem Zeitpunkt wahrlich als verrückt zu bezeichnende Idee in die Tat um und eröffnen im zerbombten Würzburg in einem der wenigen nicht durch den Krieg zerstörten Gebäude ihre Pizzeria: *Sabbie di Capri.* »Sand von Capri« – eine Anspielung auf die nahe gelegene und in Würzburg jedem bekannte Sanderstraße und natürlich auf Capri, den Sehnsuchtsort in Italien schlechthin. Zu Beginn besteht die Kundschaft hauptsächlich aus italienischstämmigen amerikanischen Soldaten. Sie sind die Einzigen, die es sich leisten können, essen zu gehen. Und: Sie sind die einzigen Menschen in Franken, die Pizza aus den italienischen Vierteln ihrer Großstädte kennen.

Die Deutschen fremdeln zunächst mit dem italienischen Gebäck: Gelato? Ja. Aber Pizza, dieser eigenartige runde Teigfladen … Doch der erfinderische Nicolino hat eine Idee. Was suchen Deutsche seit jeher in Italien? Richtig: »Romanza«. Er baut die Grotte von Capri nach und lockt damit die Würzburger mit romantisch kitschigem Ambiente in sein Lokal. Wie viele erste Dates und Heiratsanträge es wohl seitdem im schummrigen Kerzenlicht in dieser das Kellergewölbe auskleidenden Landschaft aus Felsen und Stalaktiten gegeben hat? Wie viele Franken sich seither wohl beim Teilen einer Pizza nähergekommen sind und sich gegenseitig mit der Hand die einzelnen Stücke, belegt mit Tomate, Mozzarella, Schinken, Salami, Champignons und Co., sinnlich in den Mund geschoben haben?

Noch heute kann man in dem Lokal in der Würzburger Elefantengasse 1 genau das tun. Mittlerweile heißt das Restaurant

Capri Blaue Grotte und bietet vorwiegend mediterrane Küche. Doch auch die Pizza (inklusive einer »Pizza Franken«) ist geblieben, der Liebe zur Tradition wegen. Und Nicolino und Janina? Die beiden lebten glücklich miteinander bis an sein Lebensende. Nick ist 2015 mit 93 Jahren gestorben. Ihre große Liebe ist geblieben. Und die Pizza sowieso. Heute liebt man sie auch in Franken – klassisch oder mancherorts auch mit urfränkischen Zutaten. Haben Sie schon mal eine »Pizza Schäufele« probiert? »Buon appetito!«

Humsera-Brunnenfigur auf dem Grünen Markt in Bamberg

KUNDENLIEBE AUF FRÄNKISCH

»Mich konnst gern hom, waßt scho wu!«

♡

Die Liebe zum Kunden wird in Franken bekanntlich großgeschrieben. Gut, mitunter wird der Aufbau von langfristigen Kundenbeziehungen vielleicht etwas eigen ausgelegt. So zu bestaunen auf dem Grünen Markt in der Bamberger Fußgängerzone. Dort werden von Montag bis Samstag die frischesten Eier, die dicksten Kartoffeln, die süßesten Erdbeeren (alles »made in Franken« versteht sich) von Marktkaufleuten feilgeboten, die einen stets sehr nachdrücklich wissen lassen, warum man bei ihnen und nirgendwo sonst jede Woche einen Vorrat an Obst und Gemüse kaufen soll, der selbst für einen ganzen Monat locker ausreichen würde.

Über alledem wacht die Humsera. Die Marktfrau schlechthin hätte sicherlich den einen oder anderen bissigen Kommentar auf den Lippen, wäre sie nicht als steinerne Brunnenskulptur zum Schweigen verdammt. Dabei war das reale Vorbild der Steinfigur keineswegs auf den Mund gefallen. Ganz im Gegenteil! Die Gärtnerin, die auf dem Bamberger Wochenmarkt ihr Gemüse verkaufte, war für ihr loses Mundwerk weithin bekannt.

Gegenüber der werten Kundschaft soll sie, deren Name zurückgeht auf die Familie Hums, eine Gärtnerfamilie aus der Heiliggrabstraße in Bamberg, gern sehr forsch aufgetreten sein. Ihre typische Wesensart hat der Bamberger Mundartdichter Hans Morper in mehreren Gedichten beschrieben: Wenn jemandem der Preis für das Angebotene nicht passte, machte ihm die vielzitierte

Gärtnerfrau mit Hingabe sehr unmissverständlich klar, dass er gern auch woanders kaufen könne und ihr das sowieso das Liebste sei.

Eine solche Abfuhr verband sie stets auch mit einem »freundlichen« Abschiedsgruß. Nicht selten soll sie dafür sogar ihren Rock am Hintern hochgezogen haben, um mit ihrer entblößten Rückseite zu demonstrieren, was sie von solch einem fordernden Gebaren der Kunden hielt: »Mich konnst gern hom, waßt scho wu!« Keine Angst: Die heutigen Marktfrauen stehen ihrer berühmten Vorfahrin aufgrund deren ordinärer und derber Ausdrucksweise übrigens eher distanziert gegenüber. Als Identifikationsfigur gilt sie ihnen schon gar nicht.

Denn eines sollte man sich beim Marktbummel stets vor Augen führen: Eine waschechte Marktfrau war die Humsera nie, sondern vielmehr eine Markthöke. Der kleine, aber feine Unterschied: Eine Marktfrau besaß in der Regel eigene Felder. Eine Markthöke dagegen kaufte die Ware selbst ein und lebte vom Zugewinn. Dreimal darf man raten, wo die Redewendung »etwas verhökern« ihren Ursprung hat.

Trotz allem steht die Humsera vielen Bambergern vermutlich näher als der zweifelsohne populärere Bamberger Reiter. Denn während das Wahrzeichen aus dem Dom seit Jahrhunderten auf seinem Sockel an einem Kirchenpfeiler unbewegt ausharrt, hat sich die Humsera – volksnah, wie sie war – in Form der von Hans Leitherer 1936 geschaffenen Steinfigur auf dem Marktplatz vor der Martinskirche niedergelassen.

Von dort betrachtet sie aus dem Hintergrund das Geschehen. Äußerlich tut sie das ohne Regung, innerlich dürfte es in ihr jedoch manchmal brodeln ob der vorhandenen Hilfsbereitschaft und Großzügigkeit. Die Erdbeere zum Probieren wäre vermutlich in ihrem eigenen Mund gelandet.

Wann haben Sie sich eigentlich zuletzt als Kunde geliebt gefühlt?

93

ROMEO UND JULIA AM MORITZBERG

♡

Berlin, 17. November 1936. Eine unglückliche junge Frau, nennen wir sie Julia, besteigt den Flieger. In ihrem Gepäck befindet sich eine Pistole. Sie will nach München fliegen, zu ihrem Geliebten, den sie nicht heiraten darf, weil ihre Eltern das verbieten. In ihrer Verzweiflung haben die beiden jungen Leute einen Entschluss gefasst: Wenn sie auf dieser Welt nicht zusammen leben dürfen, so wollen sie zusammen sterben, vielleicht würden sie ja in einer anderen Welt glücklich werden.

Die Maschine, eine Ju 52/3m hebt ab, fliegt Richtung Süden. Es ist ein nebliger Herbsttag. In Nürnberg ist ein Zwischenstopp eingeplant. Dichte Wolken hängen über dem Land, der Pilot muss zweimal über dem Moritzberg kreisen, um die Einflugschneise zum Flughafen Marienberg anpeilen zu können. Da geschieht das Unglück: Die linke Tragfläche streift die Baumwipfel, die Junker wird heftig zum Hang gerissen, dicht unterhalb der Moritzkapelle zerschellt sie im Wald.

Ein Bauer der Gegend, der gerade Steckrüben wäscht, hört den Knall. Eilig macht er sich mit seinem Sohn auf den Weg. Auf dem Moritzberg angelangt, bietet sich ihnen ein Bild des Grauens. Trümmerteile überall, umgerissene, ja gefällte Bäume, dazwischen, schräg im Boden steckend, der Rumpf des Flugzeugs. Zwei Waldarbeiter sind bereits herbeigeeilt, schlagen mit ihren Äxten die Türen des Wracks auf. Der Bordfunker und zwei der 16 Passagiere sind tot. Man bahrt sie im Moritzkirchlein auf. Wie durch ein

Wunder aber kommen die anderen mit dem Leben davon. Und die so unglückliche, zum Sterben bereite Julia? Auch Julia lebt, nichts Schlimmes ist ihr passiert.

Als die Nachricht vom Absturz in Berlin eintrifft, erschrecken ihre Eltern zu Tode. Nach dem Schrecken aber kommt die Reue. Wie können sie sich noch länger dem Glück ihres Kindes entgegenstellen? Dem Schicksal dankbar, geben sie den Liebenden ihren Segen. Eine Geschichte mit Happy End. Julia darf doch noch ihren Romeo heiraten. Ob die Hochzeit im Moritzkirchlein gefeiert wurde? Davon ist uns leider nichts überliefert.

BERT BRECHT BESUCHT SEINE PAULA

Das seltsamste Liebesduell der Literaturgeschichte

♡

Nürnberg, St. Peter. Unweit des Straßenbahndepots befand sich in der Schloßstraße die Fabrik für Elektrokohle des jüdischen Unternehmers Kurt Lessing. Als der Unternehmer 1919 starb, benötigte seine Frau Frieda dringend Unterstützung bei der Betreuung ihrer Kinder. Sie gab eine Annonce auf und entschied sich für eine junge Frau aus Augsburg, Paula Banholzer. Im Oktober 1921 spielte sich in den Wohnräumen dieser Witwe das vielleicht seltsamste Liebesduell der deutschen Literaturgeschichte ab.

Schon am Morgen beim Spiel mit ihren Schützlingen hat sie sich nicht wohl gefühlt. Paula merkt, sie bekommt Fieber. Beim Mittagessen hat Frieda Lessing, auf deren Kinder sie aufpasst, die Hand besorgt auf ihre Stirn gelegt und sie sogleich in ihr Zimmer geschickt. Dick eingemummelt liegt sie im Bett, spürt, wie ihr Kopf immer heißer wird. Bald fällt sie in einen fiebrigen Schlaf, wilde Träume tanzen vor ihren Augen, Erinnerungen an vergangene Tage.

Leichtfüßig läuft sie über das Eis. Es ist das Jahr 1916, ein strahlender Wintertag. Die Seen in Augsburg sind zugefroren. Ihr ist, als schwebe sie über die spiegelnde Fläche. Dreht sie eine Pirouette, wickelt sich der bunte Wollschal um ihren Hals. Dann läuft sie mit den anderen Mädchen um die Wette. Als sie am Kartenhäuschen vorbeikommt, stößt ihre Freundin sie an. »Schau mal, wer da kommt!« Paula wirft einen scheuen Blick zurück. Da ist er wieder, dieser Brecht! Während er sich

umständlich seine Kufen unter die Schuhe schnallt, hat er sie schon er-
späht. Paula lacht. Das wird ein Spaß! Übermütig läuft sie eine Acht di-
rekt vor seinen Augen. Als er mit vorsichtigen, ungelenken Schritten die
Eisfläche betritt, ist sie ihm schon mit ihren Freundinnen enteilt, weit hi-
naus an das andere Ende der Eisbahn. Mit steifen Schritten und hek-
tisch mit den Armen rudernd nähert sich ihr Verehrer; als er sie jedoch
endlich eingeholt zu haben glaubt, ist sie ihm mit hellem Lachen schon
davongeglitten. Er will sich zu ihr umdrehen, da wirft es ihn um und er
sitzt auf dem Eis.

Nein, ein Sportler ist er nicht. Katz und Maus spielt sie mit ihm. Ob
sie ihn näher heranließe, wenn er ihr besser gefiele? Er ist ihr zu ma-
ger, hat ihr zu schmale Schultern, wirkt so farblos. Aber eines im-
poniert ihr, und das ist seine Hartnäckigkeit. Er gibt einfach nicht
auf! Auch als sie jetzt das Angebot eines sportlichen Mitschülers zu
einem Paartanz annimmt, bleibt er ihr auf der Spur. Ein seltsamer
Bursche. Sieht er denn nicht, wie sich ihre Freundinnen über ihn
lustig machen? Es scheint ihn nicht zu stören. Paula läuft im Takt
der Musik. 15 Jahre ist sie, drei Jahre jünger als Brecht, der Schüler vom Realgymnasium. Sie fängt an, es zu genießen, wenn sich die
Jungen nach ihr umdrehen. Es beginnt zu schneien. Sie schüttelt
sich die weißen Flocken aus den dichten braunen Locken und verlässt mit ihren Freundinnen das Eis. Wieder kommt Brecht zu spät.

Paula beginnt zu frieren, ihr Kopf aber wird immer heißer. Eng
zieht sie die Beine an ihren Körper, kauert sich zusammen. Wie aus
weiter Ferne hört sie die Stimmen der Kinder, die nach ihr rufen.
Aber die Mutter, die junge Witwe, bringt sie rasch zur Ruhe. Paula wird schwindelig. Sie zieht sich die Decke bis unter das Kinn, fällt
erneut in einen unruhigen Fieberschlaf.

Sie spazieren die Lechauen entlang. Der Wind treibt die bunten Blätter
vor sich her, übermütig springt sie mit ihnen um die Wette. Seit ein paar
Wochen treffen sie sich heimlich. Raffiniert, wie Brecht das eingefädelt
hat! Einen Freund hat er vorgeschickt, der für sich um einen Spaziergang

gebeten hat, zu dem er auch Brecht mitnehmen wollte. Zögernd hatte sie zugestimmt; als sie aber zum verabredeten Zeitpunkt an die Lechbrücke kam, war da nur Brecht gestanden, hatte den Freund wortreich entschuldigt. So ist er, listig und einfallsreich. Und hartnäckig, wenn er sich etwas in den Kopf gesetzt hat. Also sind sie zu zweit spazieren gegangen, und Brecht hat ihr viel von seinen Plänen erzählt. Ja, er konnte pausenlos sprechen, und sie muss staunen, wie schlau und raffiniert er ist. Heimlich schaut sie ihn dabei von der Seite an. Warum er nur so ungepflegt sein muss! Legt er denn auf sein Äußeres gar keinen Wert? Allein der Schmutz unter seinen Fingernägeln. Und doch: Die Haare hat er sich eindeutig aus der Stirn rasiert, gute zwei Finger breit. Also ist er doch ein wenig eitel? Auf seine Weise schon, will wohl älter wirken. Nun kramt er in seiner speckigen Lederjoppe herum, zieht einen Zettel hervor. Ein neues Gedicht. Sie hört seine Gedichte gern. Und wenn ein Gedicht von der Liebe handelt, dann bückt sie sich, wirft ihm eine Handvoll Blätter ins Gesicht und läuft lachend davon. Auch jetzt spricht er wieder von der Liebe; Bi nennt er sie, seine Bittersüße. Als sie ihm wieder davonspringen will, hält er sie fest und küsst sie rasch auf den Mund. Entsetzt reißt sie sich los und rennt davon. Drei Tage lässt sie sich nicht blicken. Am dritten Abend hört sie, wie jemand vor dem Fenster pfeift. Was bildet er sich nur ein, der Kerl?

Es klopft. Frieda Lessing bringt ihr eine Tasse dampfenden Kamillentee. Dankbar lächelt Paula, nippt aber nur kurz. Geschwächt lässt sie sich wieder in die Kissen fallen, leise schließt sich die Tür.

Der nächste Sommer ist gekommen. Sie hat den Eltern gerade eine gute Nacht gewünscht und das Licht in ihrem Zimmer angezündet, als draußen Musik erschallt. Sie blickt zum Fenster hinaus und muss lachen. Drei seltsame Gestalten stehen dort unten, es ist Brecht mit zwei Freunden. Der eine trägt einen Lampion, der andere spielt Geige. Brecht aber schlägt die Gitarre und singt ein Lied dazu:

Jetzt wachen nur mehr Mond und Katz,
die Mädchen alle schlafen schon,
da trottet übern Rathausplatz
Bert Brecht mit seinem Lampion.

Schön hört sich das an, und selbst ihre Eltern, die den jungen Gymnasiasten nicht ausstehen können, lauschen heimlich und wiegen die Köpfe im Takt. Ja, solche verrückten Sachen fallen ihm ein. Gestern erst hatte er lange von unten zu ihrem Fenster hinaufgesprochen, weil sie nicht aus dem Haus kommen wollte. Schließlich war ihm das Genick steif geworden, und er hat sich auf den Rücken ins Gras gelegt, um auf diese Weise seine Monologe fortzuführen. Wie missmutig hatte abends ihr Vater geschaut!

Wieder schreckt sie auf. Dennoch ist ihre Entscheidung richtig. Was sollen all diese alten Erinnerungen. Das bringt doch nichts. Zur Wehmut ist überhaupt kein Anlass, im Gegenteil. Paula wirft sich auf die andere Seite und beschließt, von etwas anderem zu träumen. Wenn das so einfach wäre!

Es ist das Frühjahr 1918, das letzte Kriegsjahr. Auch in Augsburg werden die Vorräte knapp. Ihre Eltern schicken sie aufs Land zum Hamstern. Das ist ihre Chance! Brecht hat von München aus, wo er jetzt studiert, alles vorbereitet. Mit dem Hamstern hat sie sich beeilt und ist schon einen Tag früher als geplant nach Augsburg zurückgekehrt. Dort wartet am Bahnhof ein Freund von Brecht, nimmt ihre schweren Körbe mit den Eiern und dem Speck in Empfang, und Paula besteigt heimlich den Zug nach München. Am Münchner Hauptbahnhof erwartet Brecht sie mit leuchtenden Augen. Endlich haben sie einmal ungestört Zeit für sich. Sie machen einen langen Spaziergang durch das schöne München, und Brecht zeigt ihr alle Sehenswürdigkeiten. Dann bringt er sie zu ihrem Hotel. Ihr wird etwas mulmig. Allein in einer fremden Stadt zu übernachten, das hat sie noch nie gemacht. Aber auch daran hat Brecht gedacht und vorsorglich das benachbarte Zimmer für sich

reservieren lassen. Als es Nacht wird und es Zeit wird, ins Bett zu ge-
hen, macht Brecht ihr den Vorschlag, doch zusammen in ihrem Zim-
mer zu übernachten. Selbstverständlich bräuchte sie nichts zu befürch-
ten, Ehrenwort! Paula ist einverstanden, und so kriechen sie gemeinsam
unter die Decke. Doch Brechts Hände halten sich nicht an das Verspre-
chen und gleiten schon bald ihren Körper entlang. Erschrocken richtet sie
sich auf und wehrt sich heftig. »Was machst du denn da?« Brecht sieht
ihr unschuldig in die Augen. »Ja, bist du denn noch nicht aufgeklärt?«
Paula schüttelt den Kopf. »Was glaubst du denn? Von wem denn bit-
te?« Und so beginnt Brecht, seiner Paula alles zu erklären. Zum Schla-
fen kommen sie in dieser Nacht nicht. Viel zu aufregend ist das, was
Brecht zu erzählen weiß. Behutsam und geduldig weiht er sie in die Ge-
heimnisse der sinnlichen Liebe ein. Und Paula lauscht höchst interessiert
und stellt viele Fragen. Als der Morgen graut, glaubt sie, das Wesentliche
verstanden zu haben. Wie süß er ihr alles beigebracht hat! Sie ist ihm
sehr dankbar dafür und schläft schließlich doch noch ein.

Wieder scheint sich ein neuer Fieberschub anzukündigen. Paula
fröstelt stärker. Der Kamillentee ist kalt geworden. Da klopft es zart
an der Tür. Karl ist es, ihr Verlobter, er kommt von der Arbeit zurück. Besorgt setzt er sich auf ihre Bettkante und fragt, wie es ihr
gehe. Ihre Antwort beruhigt ihn nicht. Ob er nicht besser einen
Arzt rufen solle? Paula schüttelt den glühenden Kopf. Das sei doch
nicht nötig. Er werde schon sehen, morgen sei sie wieder gesund.
Karl lächelt und streicht ihr über den Kopf. »Soll ich dir noch frischen Tee bringen, Liebes?« – »Danke, ich schlaf mich jetzt lieber
gesund.« Er legt ihr noch eine Decke über und geht leise aus dem
Zimmer. Paula schließt die Augen.

Am nächsten Morgen gehen sie gleich nach dem Frühstück wieder spa-
zieren. In München gibt es ja so viel zu sehen. Sie essen im Augusti-
ner-Biergarten. Als Nachspeise bekommt Paula einen Heidelbeerquark.
Brecht schaut sie an und muss lachen. »Was hast du denn für blaue Lip-
pen, kleine Bi?« Sie lachen viel miteinander, und Brecht erzählt ihr

von seinen Plänen. Wieder staunt sie über ihn. Wie fest er davon über-
zeugt ist, einer der größten deutschen Schriftsteller zu werden. Gleich
nach Schiller und Goethe. Bisher hat er doch kaum etwas veröffentlicht.
Aber sein schier grenzenloser Glaube an sich selbst gefällt ihr. Wie we-
nig Selbstvertrauen hat sie dagegen. Wenn er doch nur nicht so zerlumpt
aussehen würde! Ja, er stinkt und weigert sich, sich zu waschen. Er pflegt
sein ungepflegtes Image und ist auch noch stolz darauf.

Nach dem Essen führt er sie zum Marienplatz. Vor der Mariensäule
umarmt er sie und küsst sie leidenschaftlich. Sie schließt die Augen, und
es gefällt ihr sehr. Doch der lange Stadtspaziergang und die durchwachte
Nacht haben sie müde gemacht. Brecht führt sie zurück zum Hotel, wo
sie sogleich aufs Bett sinkt. Sie denkt schon, Brecht sei aus dem Zimmer,
als sie plötzlich seine Hände spürt, die sie hastig entkleiden. Ungestüm
reißt er auch sich die Kleider vom Leib und dringt dann heftig in sie ein.
Wild und mit großer Eile fällt er über sie her, rasch und erschöpft sinkt
er zur Seite. Es sei auch für ihn das erste Mal gewesen, gesteht er ihr flüs-
ternd. Sie lächelt und glaubt es ihm sofort.

Wieder öffnet sich die Tür, wieder ist es Karl. Wie anders er ist,
nicht wie dieser Brecht. Gepflegt ist er und rücksichtsvoll. Er legt
ihr ein feuchtes Tuch auf die Stirn, die Kühlung tut ihr gut. Wieder
lächelt sie dankbar. Karl ist bestimmt der Richtige, das weiß sie jetzt
ganz genau. Nein, die Entscheidung war voll und ganz richtig. Ein
gut aussehender, liebevoller Mann mit einem vernünftigen Beruf,
was will sie mehr? Und wie nett er mit den Kindern spielt! Sicher
wird er auch ein guter Vater sein. Beruhigt schließt sie die heißen
Augenlider wieder.

Ein kalter Wintertag, ein kleiner Ort in Oberbayern. Zur Untermiete
wohnt sie hier bei einfachen Leuten. In Augsburg wollen sie ihre Eltern
nicht mehr haben, seitdem sie von ihrer Schwangerschaft wissen. Erst
wenn das Kind geboren und in Pflege gegeben ist, darf sie zurückkeh-
ren. Ein uneheliches Kind in der Familie, welche Schande! Aber schlim-
mer wäre es für die Eltern noch, wenn sie und Brecht heiraten würden.

Nicht diesen zerlumpten Burschen, diesen Schriftsteller! Wie soll der einmal eine Familie ernähren? Paulas Vater, der erfolgreiche Arzt, gibt ihr keinen Pfennig mehr. Soll sie mal sehen, wie sie zurechtkommt! Das wird ihr eine Lehre sein. Soll doch Brecht für alles aufkommen!

Brecht tut, was er kann. Lebt in München nunmehr völlig einfach, spart sich das Essen vom Mund ab, um Paula etwas zukommen zu lassen. Heute will er sie besuchen. Wo bleibt er bloß? Paula schaut aus dem Fenster. Heftig tobt ein Schneesturm ums Haus. Der Bus hätte ihn doch längst bringen müssen. Da nähert sich eine vermummte Gestalt, kämpft sich gebeugt durch den Schnee. Es ist Brecht. Taumelnd stolpert er in die Stube, durchnässt bis auf die Knochen. Sechs Stunden ist er vom nächstgelegenen Bahnhof hergelaufen. Er sagt, er habe den Bus verpasst, aber Paula weiß es besser. Er wollte sich die Fahrkarte sparen, um ihr das Geld geben zu können.

Wieder kommt Karl ins Zimmer, weckt sie nicht, sondern setzt sich auf einen Stuhl und wartet, bis sie die Augen öffnet. Sie sieht ihn an und will dem Besorgten etwas Liebes sagen. »Ich habe heute meinen Eltern geschrieben, dass wir seit gestern verlobt sind.« Er lächelt sie an. »Sprich nicht. Ruh dich nur aus. Schlaf wieder ein.« Folgsam schließt sie die Augen wieder.

München-Schwabing. Eine lustige Künstlerrunde in einem verräucherten Lokal. Sie sprechen vom Theater, von Brechts Trommeln in der Nacht. Einer kritisiert ihn, rotweintrunken, kritisiert seine raue Sprache. Brecht bleibt gelassen. »Ich kann nur so schreiben, anders geht es nicht.« Er nimmt Paula in den Arm. Sie gehört mit dazu. Eifersüchtig überwacht er alle ihre Schritte, spannt selbst Freunde ein, um sie zu beobachten. Das Theater gefällt Paula, wenn nur das lange Sitzen nicht wäre. Lieber bewegt sie sich, sie liebt Musik und Tanz. Ach, wenn Brecht doch einmal mit ihr tanzen ginge! Aber er ist ja so hoffnungslos unsportlich, tanzt so, wie er damals Schlittschuh gelaufen ist, staksig, tapsig, ungelenk. Doch sie lässt nicht nach, bettelt und bittet, bis er schließlich nachgibt. Sie gehen in ein Tanzlokal. Die Musik fängt an zu spielen, sie tanzen. Es wird eine Katastrophe. Ständig tritt er ihr auf die Zehen, bringt sie zum Stolpern und redet ihr dabei auch noch ununterbrochen ins Ohr. Sie unternimmt einen zarten Versuch, ihn zu führen, aber das duldet er nicht. Die Musik macht endlich eine Pause. Als sie wieder einsetzt, fordert sie ein anderer Mann auf, ein guter Tänzer. Freudig will sie annehmen, als Brecht dazwischentritt. Er bittet den jungen Mann beiseite und redet ernsthaft auf ihn ein. Der versteht und versucht sein Glück woanders. Jetzt ist sie böse auf Brecht, ernsthaft böse. Warum gönnt er ihr den kleinen Spaß nicht? Was ist denn schon dabei? Ständig will er sie erziehen, ihr reicht das jetzt.

Aus Trotz geht sie am nächsten Samstag allein auf einen Faschingsball. Ausgelassen tanzt sie über das Parkett, genießt jede Drehung, fühlt sich endlich wieder frei und unbeschwert. Plötzlich steht Brecht neben der Tanzfläche, winkt ihr zu und macht ihr Zeichen. Sie soll zu ihm herüberkommen. Trotzig tanzt sie weiter, jetzt erst recht. Ist sie denn sein Eigentum? Sie ist es leid, sich bevormunden zu lassen. Brecht kämpft sich zu ihr durch, nimmt sie bei der Hand, da reißt sie sich los. Was nun? Will er sie zwingen? Das kann er nicht und das weiß er. Aber er hat ja noch seine mächtigste Waffe, seine Sprache. Er beginnt, ihr Vorhaltungen zu machen, wie sie als junge Mutter ans Vergnügen denken kann, während ihr Sohn krank im Bett liegt. Da blitzt der Zorn aus ihren Augen. Wie gemein von ihm! Wie kann er nur ihren Sohn da mit hineinziehen? Er hat es doch gut bei seinen Pflegeeltern, die Lungenentzündung ist längst abgeheilt. Aber Brecht hat mal wieder sein Ziel erreicht, sie hat keinen Spaß mehr am Feiern, schweigend geht sie mit ihm nach Hause.

Sie öffnet die Augen. Wie spät mag es sein? Karl sitzt noch im Halbdunkel auf seinem Stuhl. Ist er eingeschlafen? Sie hat ihn hier in Nürnberg kennengelernt. Die junge Witwe, deren Kinder sie betreut, hatte nach dem Tod ihres Mannes ein Zimmer an ihn untervermietet, in das benachbarte Zimmer ist sie als Erzieherin eingezogen. Nie hat sie daran gedacht, anderer Leute Kinder zu betreuen. Sie wollte einfach nur weg, weg von München und weg von Augsburg und den

Eltern. Da hat sie auf die Zeitungsanzeige der jungen Witwe geantwortet, die eine Erzieherin für ihre kleinen Kinder suchte. Aus zahlreichen Bewerberinnen hat Frieda Lessing ausgerechnet sie ausgewählt. Warum? Weil sie die Einzige gewesen sei, die geschrieben habe, mit Kindern und ihrer Erziehung nicht die geringste Erfahrung zu haben. Diese erfrischende Offenheit hatte auch Brecht verzaubert. Aber was half das alles? Er konnte sich letztlich nicht entscheiden, sie war die Ungewissheit und die ewigen Gängeleien leid und ging nach Nürnberg. Hier hat sie sich in Karl verliebt, der sich so rührend um sie sorgt, und sie haben sich verlobt. Keine große Feier, nur ein stilles Versprechen. Ihren Eltern hat sie geschrieben und auch Brecht eine Karte geschickt. Damit er Bescheid weiß.

Paula dreht sich seufzend zur Seite, da hört sie die Glocke läuten. Stimmen sind zu hören. Nicht lange, da klopft es an ihrer Tür. Frieda Lessing flüstert, es sei Besuch für sie gekommen, und da steht er schon im Zimmer, Bert Brecht in seiner schwarzen Joppe. Ungepflegt wie immer, mit zerzaustem Haar. Gleich eilt er zu Paula und setzt sich an ihr Kopfende. Paula ist verwirrt. Mit fieberglänzenden Augen richtet sie sich auf, stellt Brecht ihrem Verlobten vor, der ebenfalls wach geworden ist. Brecht grüßt ihn kurz und beachtet ihn fortan nicht weiter. Ihr Verlobter steht auf und setzt sich, als ob er Paula beschützen wolle, auf ihre Bettkante. So sitzen sie da. Ein stummer Kampf beginnt. Paula ist zu erschöpft, um etwas dazu zu sagen. Was bildet sich dieser Brecht nur wieder ein? Draußen dämmert langsam der Morgen. Die Glocken von St. Peter tönen herüber. Kaum einmal wechselt einer der Männer die Sitzposition. Paula staunt. Auch Karl bleibt hartnäckig. So vergeht der Sonntag, Karl am Fußende, Brecht am Kopfende, die kranke Paula dazwischen. Ein seltsamer Zweikampf. Keiner gibt nach, keiner sagt ein Wort, auch Karl sagt nichts, es ist gespenstisch.

Am Montag in der Früh steht Karl auf. Er muss zur Arbeit, gibt Paula einen Abschiedskuss. Als er aus dem Zimmer ist, schlägt Brechts Stunde. Er hält ihr einen langen Vortrag, malt ihr das Bild einer gemeinsamen glücklichen Zukunft. Doch Paula schüttelt den

Kopf. Das hat doch alles keinen Sinn mehr. Zu oft hat sie auf solche Versprechungen gehört. Aber Brecht gibt nicht auf. Rasch gelingt es ihm, das Vertrauen der jungen Witwe zu gewinnen, er fasziniert sie mit seinem Künstlertum und erweicht ihr Herz. Frieda Lessing lässt ihn in einer Kammer schlafen.

Brecht hält aus. Kommt Karl abends von der Arbeit heim, sitzt er schon wieder bei Paula auf dem Bett, geht Karl am Morgen, setzt er seine Ansprachen fort. Zwischendurch trinkt er einen Schluck Wasser und wartet auf ihre Zustimmung. Die aber bleibt aus. Fünf Tage geht das so, dann kann sie der Magie seiner Worte nicht mehr widerstehen, sich seinem Bann nicht länger entziehen. Brecht hat sein Ziel erreicht. Paula gibt ihm zur Versöhnung einen Kuss, verspricht, ihre Verlobung mit Karl zu lösen. Glücklich fährt Brecht heim nach München.

Geheiratet hat sie ihn dann trotzdem nicht, sondern einen anderen Mann. Auch diesen versuchte Brecht ihr auszureden, führte heftige Reden gegen ihn und schickte schließlich sogar seine spätere Frau Helene Weigel zu ihr, um sie Tage vor der geplanten Hochzeit wieder zu ihm zurückzubringen. Aber all das konnte nichts mehr ändern und hatte nur einen lebenslangen Groll des Ehemanns auf Brecht zur Folge.

Was mag Brecht tatsächlich für seine Bi empfunden haben? Helene Weigel bekennt es später: Brecht hat viele Frauen gehabt, geliebt aber hat er nur die Bi.

Über den Umgang Bert Brechts mit den Frauen könnte man ein ganzes Buch schreiben. Rückblickend wirkt vieles an seinem Verhalten äußerst zweifelhaft und moralisch anstößig. Es ging wohl oft mehr um Macht als um Liebe, auch wenn er viel von Liebe spricht.

Bert-Brecht-Statue in Berlin

KANDINSKY WARTET VERGEBENS
AUF GABRIELE MÜNTER

♡

6. Juni 1903, ein Frühlingssamstag. In aller Früh ist Kandinsky von München aufgebrochen und mit der Bahn nach Treuchtlingen gefahren. In dem kleinen fränkischen Ort will er sie treffen, Ella, heimlich, keiner weiß davon. Nun geht er auf dem Bahnsteig auf und ab und wartet auf den Zug, der von Würzburg kommt. Als seine Schülerin bezeichnet er Gabriele Münter (die er liebevoll Ella nennt) schon lange nicht mehr, nicht, wenn er an sie denkt, nicht, wenn er mit ihr spricht. Sein künstlerisches Urteil ist dabei keineswegs durch seine Gefühle bestochen. Er sieht, was er sieht: Mit welch sicherem Gefühl sie zeichnet, schnell und ohne abzusetzen, stets trifft sie das Wesentliche, ohne sich korrigieren zu müssen. In der Zeichnung ist sie die Meisterin und er der Schüler. Und es macht ihm nichts aus, im Gegenteil, er hat nicht das Geringste gegen diesen Rollentausch. Er stiftet die Farben, sie den Strich. Zusammen sind sie unschlagbar, befruchten sich gegenseitig, lernen voneinander und gelangen so zu einer völlig neuen Auffassung von Kunst. Aber es geht um weit mehr als das, es geht nicht nur um Kunst, es geht um das Leben. So sicher Ella zeichnet, so viel Halt gibt sie ihm. Zwar ist er deutlich älter, die Gefestigtere aber ist sie. Während er ständig zaudert und schwankt, scheint sie das Leben mit heiterer Gelassenheit zu nehmen. Eine Frau zum Lachen, zum Streiten, zum Necken auch – und zum Anlehnen. Ganz anders ist sie als Anna.

Porträt Gabriele Münters von Wassily Kandinsky

Ach, Anna, er will nicht an sie denken, nicht jetzt. Es ist ja nicht so, dass er nichts mehr für seine Frau empfindet. Verantwortlich fühlt er sich, er hat sie schließlich von Russland ins fremde München verpflanzt, sie spricht kaum Deutsch, ist völlig isoliert ohne ihn, ist auf ihn angewiesen. Er will die Trennung, aber er will sie diskret und ohne Wunden aufzureißen. Wie das gehen soll, das weiß er noch nicht, aber er wird einen Weg finden, ganz bestimmt wird er das. Kandinsky zieht seine Schirmmütze in die Stirn. Schluss mit den Gedanken an zu Hause, an Ella nur will er jetzt denken. Ihr gehört die Gegenwart und auch seine Zukunft. Das mit Anna wird sich finden. Hat Anna in ehrlichen Momenten nicht schon zugegeben, dass es aus ist zwischen ihnen? Und dass auch sie ihre Schuld daran trägt? Deshalb hat er sich ohne große Gewissensbisse nach Treuchtlingen aufgemacht.

Die Gelegenheit ist günstig. Ella ist zu Besuch in ihrer westfälischen Heimatstadt Herford, um die Hochzeit ihrer Lieblingscousine Julie mitzufeiern. Von dort aus ist sie unterwegs zu ihm, nach Treuchtlingen, hier wollen sie sich treffen, wollen zusammen übernachten und am nächsten Tag gemeinsam nach Kallmünz weiterreisen, zum Quartier ihrer kleinen Malertruppe, deren Lehrer er ist. Den Sommer wollen sie zusammen in dem kleinen Ort an Naab und Vils verbringen, ungestörtes Landleben, zeichnen und malen in der freien Natur, fünf, sechs Schülerinnen und Schüler und er als der Herr Professor. Wie schön haben sich die beiden das ausgemalt, zum ersten Male ungestört zu sein, fern von München, fern von allen Bekannten, fern vor allem von seiner Frau Anna. Keiner wird etwas mitbekommen, keiner wird Verdacht schöpfen. Ein Liebesnest abseits aller vertrauten Orte, eine Stadt, in der sich zufällig die Bahnstrecken treffen. Ein Zufallsort. Kann man einen schöneren Liebesort denken? Sich in einer fremden Stadt zu treffen, was für ein Abenteuer! Es hat etwas Heimliches, Unerlaubtes und gerade deshalb seinen Reiz. Sich am Bahnhof in die Arme zu fallen, gemeinsam Quartier zu beziehen, unter falschem Namen natürlich, sich in der Fremde näherzukommen, was für eine Verheißung!

Kandinsky wird aus seinen Gedanken gerissen. Schnaubende Geräusche sind zu hören, kommen näher, dampfend fährt der Zug ein, kommt zum Stehen. Türen gehen auf, Reisende steigen aus. Kandinsky stellt sich auf die Zehenspitzen, versucht, über die Köpfe zu blicken. Wo nur ist seine Ella? Nirgends ist sie zu sehen. Er läuft zum hinteren Ende des Zuges, dann zurück zum Bahnhofsgebäude, zum Ausgang. Nirgends eine Spur von Ella.

»Wann kommt der nächste Zug aus Würzburg?«, fragt Kandinsky den Schaffner.

»Um sechs Uhr zwanzig, der Herr.«

In vier Stunden erst! Verunsichert geht Kandinsky zur Stadt zurück, will, muss die Zeit totschlagen. Irgendetwas ist schiefgelaufen, wie nur kann das sein? Er hat Ella doch brieflich alles genauestens geschildert. Vielleicht liegt es ja nur an einem verpassten Anschlusszug, die Reise von Ostwestfalen ist ewig lang. Sie wird schon noch kommen, redet sich Kandinsky ein, hält sich an einem Geländer fest und atmet durch. Bestimmt kommt sie noch. Auf sein Schwimmfüchslein ist Verlass, sagt er sich, sie hat ihn noch nie sitzen lassen.

Schwimmfüchslein ist einer der Kosenamen, die er ihr gegeben hat. Wie sie ganz ohne Angst in den Kochelsee gesprungen und mit kräftigen Zügen hinausgeschwommen ist, letztes Jahr, beim Sommermalkurs draußen auf dem Lande! Das würde er sich nicht trauen, das Wasser ist nicht sein Element. Dafür fährt er umso lieber Rad. Was für einen Spaß haben sie in Kochel gehabt! Ella liebt ihr Fahrrad gleichfalls, ohne Rad sei man doch bloß ein halber Mensch, pflegt sie oft zu sagen. In Kochel hat er sie gemalt, unauffällig, damit Anna keinen Verdacht schöpft, klein und in Rückenansicht, groß dahinter der Ort mit dem prächtigen Gebirgspanorama. In Kochel schon hat es zwischen ihnen geknistert. Untrügliches Zeichen, was sie ihm bedeutet, ist die Eifersucht gewesen. Ein Münchner Freund kam sie besuchen, schlug ihr vor, zu zweit eine Bergtour machen und oben am Gipfel im Gasthof zu übernachten. Da ist Kandinsky aufgesprungen und hat sich angeboten, die beiden zu begleiten. Der Freund hat säuerlich geblickt, aber es hat ihm nichts geholfen,

Ella hat mit leuchtenden Augen zugestimmt. So sind sie zu dritt losgezogen, den Rückweg aber haben sie zu zweit gemacht. Ohne den Münchner Freund. Was für ein Triumph ist das gewesen!

Lange vor der Zeit ist Kandinsky wieder am Bahnhof, spaziert unruhig am Gleis auf und ab. Wie er die Zeit totgeschlagen hat? Er weiß es nicht mehr. Endlich dampft der Abendzug heran. Wieder gehen die Türen auf, wieder steigen Menschen aus. Hektisch sieht sich Kandinsky um, doch vergebens, wieder ist Ella nicht dabei. Kandinsky spürt, wie ihm schwindelig wird, er lockert seinen Kragen, eng wird es ihm um den Hals. Wo steckt sie denn bloß? Er braucht sie so sehr, ohne sie erscheint ihm alles sinnlos. Verwirrt sieht er den Zug davonfahren. Jetzt bleibt nur noch die Hoffnung auf den Spätzug. Weitere Stunden des Wartens liegen vor ihm, Stunden voll quälender Ungewissheit.

In die Stadt geht er nicht zurück. Treuchtlingen kommt ihm plötzlich öd und hässlich vor. Erschöpft schleppte er sich in den nahen Wald, mit müden Nerven und zitternden Knien, hofft auf die Natur, doch lange hält er es in der grünen Wildnis nicht aus, sie macht alles noch schlimmer. So läuft er wieder zur Stadt zurück, geht in sein Zimmer, starrt aus dem Fenster, bis die Sonne untergeht. Bereits um 23 Uhr, eine halbe Stunde zu früh, aber ist er wieder am Bahnhof. Sie muss im Nachtzug sein, ganz bestimmt ist sie das, sein Füchslein lässt ihn doch nicht allein. Klebrig langsam verstreichen die Minuten. Doch als der Minutenzeiger endlich auf halb springt, ist von dem Zug immer noch nichts zu sehen. Unbarmherzig bewegt sich die Uhr weiter, klettert der Minutenzeiger wieder in die Höhe. Kandinsky steht am Ende des Bahnsteigs und starrt in die Finsternis, kein Licht nähert sich. Sein Schrecken steigert sich zur Verzweiflung. Schon sieht er die Waggons entgleist, sieht Ella tot unter den Trümmern liegen, da endlich dampft die Lokomotive doch noch heran. Sein Herz schlägt so sehr, dass ihm rot vor Augen wird. Alles wird gut, alles, alles wird gut!

Schnaufend und mit quietschenden Bremsen kommt der Zug zum Stehen. Nur wenige Türen öffnen sich, wieder sieht sich

Kandinsky atemlos um. Nicht dass er sie verpasst, jetzt in der Dunkelheit. Die wenigen Reisenden verlaufen sich, wieder ist Ella nicht dabei.

Taumelnd wankt Kandinsky zum Gasthof zurück. Vielleicht ist sie erkrankt, schlimmer noch, vielleicht will sie ihn nicht mehr, vielleicht hat sie jetzt einen anderen. Geschieht es nicht häufiger, dass man sich auf einer Hochzeit verliebt? In einen alten Jugendfreund aus Herford vielleicht? Und wäre es ein Wunder? Wenn sie sich einen jungen Burschen schnappt und ihren oft so mürrischen Professor in die Wüste schickt? Darf er denn Ansprüche erheben? Er ist schließlich verheiratet, wenn auch nur auf dem Papier. Ob sie ihm das verübelt, sein Zögern, seine Ausflüchte? Dass er so viel Rücksicht auf Anna nimmt, auf seine Frau? In Schwabing hat er Ella manches Mal versetzt, versetzen müssen, damit keiner etwas merkt, keiner Verdacht schöpft. Nur verkleidet, mit dickem Mantel und Mütze, hat er mit ihr spazieren gehen können. Im Englischen Garten, unter den Arkaden der Residenz. Manchmal hat sie ihre Kamera dabeigehabt, hat Fotos vom Eisbach geschossen, von den verschneiten Ufern und den Bäumen, den schwarzen Ästen mit den weiße Schneekappen. Zur Freude für sich, vielleicht auch als Vorlage für spätere Gemälde. Mit dem Selbstauslöser hat sie ein Bild von ihnen beiden machen wollen, da aber hat er protestiert, das sei noch zu früh. Zornig konnte sie dann werden, hat ihn mit Schneebällen beworfen, ihn einen Feigling geschimpft. Ja, auch ihr Temperament liebt er, zugleich aber fürchtet er sich auch etwas davor.

Zurück im Hotel greift Kandinsky nach einem Briefbogen: »O Gott, es ist nicht zum Lachen. Wenn ¾ sechs Uhr kein Brief da ist und du auch um 6:20 Uhr nicht kommst, fahre ich fort. Ich kann nicht mehr in diesem totschweigenden Nest bleiben. Wohin gehe ich? Was mache ich? Wann erfahre ich etwas von dir? Bekommst du diesen Brief? Wirst du ihn lesen? Nein, ich wünsch dir nicht, das zu erleben, was ich gefühlt habe und jetzt fühle. Noch vier Stunden warten. Warten, noch immer warten. Du kommst aber nicht, diesmal bin ich mir sicher. Warum? Was ist vorgefallen? Ich habe mir wieder deine Fotografie angeschaut – so fremd ist mir dein Gesicht vorgekommen. Ist denn alles aus?«

Nichts ist aus! Ganz im Gegenteil! Ein Telegramm! Was für ein Glücksgefühl, als ihm am nächsten Morgen nach der fürchterlichen Nacht der Postbeamte die Nachricht überbringt. Ella hat seinen Brief mit den Angaben zu Zeit und Ort ihres Wiedersehens zu spät erhalten. Deshalb ist sie nicht gekommen. Die Post ist schuld! Durchatmen, in Ruhe durchatmen. Alles ist gut! Ganz bestimmt ist es das! Sie wird in seine Arme fallen, wird ihn festhalten und ihn nicht mehr loslassen. Sie ist seine Muse, sie wird ihn zu neuen Werken inspirieren, wird seine trüben Stimmungen verscheuchen, wird Farbe in sein Leben bringen, eine dringend notwendige Farbigkeit. Er wird sie heiraten, das steht fest, wird mit ihr durch neue Welten wirbeln, zu neuen Ufern aufbrechen, mit seinem Füchslein, zwei blaue Reiter, die mit allen Konventionen brechen. Was soll schon noch dazwischenkommen?

Im Sommer in Kallmünz kamen sie sich so nahe wie nie zuvor, doch geheiratet hat Kandinsky seine Ella nicht, auch wenn sie im Russenhaus in Murnau eheähnlich zusammenlebten. Kandinsky hat immer neue Ausflüchte gefunden, die Zeiten waren ja auch schwierig. Als der Erste Weltkrieg ausbrach, musste der gebürtige Russe Kandinsky in seine Heimat zurück, Gabriele Münter ging ins neutrale Stockholm, dort kam er sie nach langem Zögern endlich besuchen. Sie gab ihn stolz und trotzig als ihren Mann aus, zeichnete mit seinem Familiennamen, ließ eine Art Hochzeitsfoto schießen. Doch auch das half nichts. In Moskau verliebte sich Kandinsky neu, wurde Vater, verschwieg es lange, aber Gabriele Münter erfuhr es schließlich doch. Wütend und enttäuscht wendete sich ihre Liebe in Hass, und doch kam sie nicht von ihm los. Wie hätte sie auch? Er war und blieb ihre große Liebe.

Wassily Kandinsky und Gabriele Münter

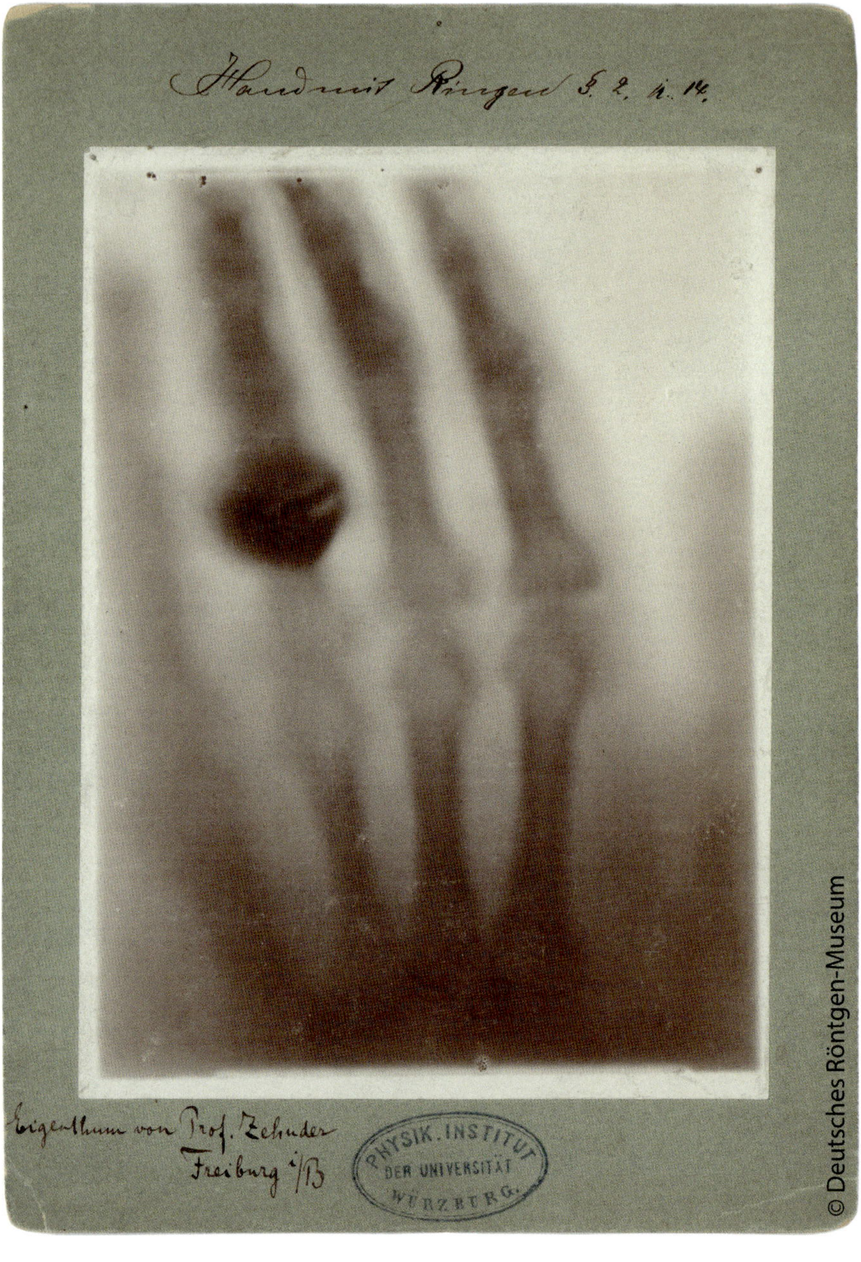

Handmit Ringen 3.2. 4. 14.

Eigenthum von Prof. Zehnder
Freiburg i/B

PHYSIK. INSTITUT
DER UNIVERSITÄT
WÜRZBURG.

DIE HAND VON ANNA BERTHA RÖNTGEN

♡

Was wird Anna Bertha als junge Frau in den Händen gehalten haben, als sie Wilhelm Conrad Röntgen zum ersten Mal begegnete? Vermutlich ein großes Tablett, um Bier oder Wein zu servieren. Im elterlichen Gasthaus *Zum grünen Glas* kehren die Züricher Studenten ein, es wird geraucht und Karten gespielt. Auch Willy, wie sie ihn bald nennt, kommt oft vorbei, ein Maschinenbaustudent und leidenschaftlicher Pfeifenraucher. Die Wirtstochter sieht ihn gerne am Tisch sitzen, gut schaut er aus, groß gewachsen und schlank, die Haare dunkel, die Augen graublau. Manchmal wirkt er etwas zu ernsthaft, dabei ist er durchaus mit Humor begabt. Beim Kartenspiel kann er sich gelegentlich heftig aufregen. Ist er ein schlechter Verlierer? Oder einfach nur ein Perfektionist, den jeder kleine Fehler stört? Ihr gegenüber ist er ein echter Gentleman und stets von gleichbleibender Freundlichkeit.

Den Eltern zur Hand zu gehen, das ist Anna Berthas Aufgabe. Ihr Vater ist weit mehr als ein Gastwirt. Er beherrscht Griechisch und Latein, hilft vielen Studenten bei ihren Hausaufgaben, erteilt zudem Fechtunterricht, so auch Röntgen, dem jungen Studenten aus Lennep, aus dem Bergischen Land, der in Apeldoorn aufgewachsen und in Utrecht zur Schule gegangen ist, bis man ihn von dieser verwies. Der Grund: Er hat einen Freund nicht verpfeifen wollen, der die Karikatur eines Lehrers auf den Ofenschirm gekritzelt hatte. Ein Studium ohne Abitur? In Zürich ist das möglich. Schulzeugnisse? Was sagen sie schon aus? Den klugen Eidgenossen ist eine Aufnahmeprüfung wichtiger. Die hat Röntgen mit Bravour bestanden. Anna Bertha serviert eine weitere Runde Bier. Was für ein Glück, dass seine Utrechter Lehrer so humorlos waren. Sonst hätte sie ihn nicht kennengelernt.

Wann wird er zum ersten Mal nach ihrer Hand gegriffen haben? Bei einem gemeinsamen Spaziergang am Ufer der Limmat? Auf einer Bootstour über den Zürichsee? Beim steilen Anstieg auf den Uetli, den Hausberg der Züricher? Wo werden sie sich das erste Mal geküsst haben? Wir wissen es nicht, denn Röntgen hatte verfügt, nach seinem Tod alle persönlichen Aufzeichnungen zu verbrennen.

Um ihre Hand hält Willy drei Jahre später an, 1869, da hat er frisch seinen Doktor gemacht. Ihre Eltern haben den jungen Mann schon lange ins Herz geschlossen. Der Gastwirt lächelt: »Die Hand meiner Tochter? Aber gerne, mein Sohn!«

Den Kochlöffel schwingen, Wäsche waschen, nähen und stopfen und tausend andere Dinge. Anna Berthas Hände finden keine Ruhe. Ihre Schwiegereltern haben darauf bestanden, ja, es zur Bedingung gemacht, dass sie eine Ausbildung in der »hohen Haushaltungs- und Kochkunst« absolviert. Damit es ihr Sohn einmal gut hat. So zieht Anna Bertha in das Haus ihrer künftigen Schwiegereltern nach Apeldoorn.

Es ist der 19. Januar 1872, als in Apeldoorn die Hochzeitsglocken läuten. Auch Willys Eltern haben der Hochzeit schließlich zugestimmt; besonders Vater Röntgen, der erfolgreiche Tuchfabrikant, aber macht weiter keinen Hehl daraus, dass er sich eine bessere Partie für seinen Sohn gewünscht hat, keine einfache Gastwirtstochter. Wilhelm jedoch will keine andere, Wilhelm will nur sie, seine Anna Bertha. In der Kirche von Apeldoorn sagt er mit leuchtenden Augen »Ja«, als der Pfarrer ihn fragt, ob er Anna Bertha heiraten will. Dann greift er nach ihrer Hand und schiebt ihr zärtlich den Ring über den Finger.

Blumenpflücken am Uetliberg. Nicht aus Zeitvertreib, nicht, um die kleine Wohnung zu verschönern. Als junger Assistent verdient ihr Mann lächerlich wenig, da braucht es ein Zubrot. Die Blumen legt Anna Bertha in einen Korb und bringt sie hinunter in die Stadt, um sie dort zu verkaufen. Von Vater Röntgen ist keine Unterstützung zu erwarten. Sein Sohn soll nur sehen, was es heißt, eine einfache Wirtstochter geheiratet zu haben.

Kisten einpacken, Kisten auspacken. Wieder und wieder. Mit einem jungen Wissenschaftler verheiratet zu sein, erfordert Flexibilität. Hätte ihr Willy als Maschinenbauer angefangen, wäre vielleicht manches einfacher gewesen: ein sicherer, gut bezahlter Job, geordnete Arbeitszeiten und Aufstiegsmöglichkeiten. Ein Zufall aber hat ihn in die Hände einer ziemlich brotlosen Wissenschaft getrieben, der Physik. Zwar gibt es viel zu erforschen, wer aber zahlt dafür? Von Zürich nach Würzburg, von Würzburg nach Straßburg, immer zusammen mit seinem Professor und Förderer, mit August Kundt. In Würzburg hat sich Röntgen nicht habilitieren dürfen, weil das Abiturzeugnis fehlte, Straßburg aber sieht darüber hinweg. Kisten einpacken, Kisten auspacken. Hohenheim bei Stuttgart, die nächste Station, dann geht es zurück nach Straßburg. Außerordentlicher Professor ist ihr Mann nun; außerordentlich heißt: ohne festes Gehalt. Kisten einpacken, Kisten auspacken. 1879 in Gießen endlich die erste ordentliche Professur und ein festes Salär. 1888 dann der Ruf nach Würzburg. Das fehlende Abiturzeugnis spielt zum Glück keine Rolle mehr. Würzburg wird zur wichtigsten Station ihres Lebens. Zwölf spannende Jahre sollten sie dort verbringen.

Eine erlebnisreiche Zeit. Aber auch eine glückliche? Wenn die Hand immer wieder über den eigenen Bauch streicht, wenn sich dort nichts wölben will, wenn nichts wächst, auch nach so vielen Ehejahren nicht, und man sich doch weiter sehnlich ein Kind wünscht. Was macht man da? Fällt man in Schwermut, beklagt man das eigene Schicksal? Anna Bertha geht einen anderen Weg. Sie nimmt ein Kind bei sich auf, die Tochter ihres Bruders, die sechsjährige Josefine Berta. Röntgen ist damit einverstanden, liebt das sanfte Mädchen bald, als wäre es sein eigenes. Josefine hat es gut bei ihnen. Um ein Zeichen zu setzen, adoptieren sie Josefine, sie trägt von jetzt an ihren Namen: Josefine Berta Röntgen. Nun sind sie eine richtige Familie.

Manchmal ist es nicht leicht, mit ihm verheiratet zu sein. Manchmal schweigt Röntgen tagelang. Manchmal scheint es, als sei er geistig nicht anwesend. Er ist ein Perfektionist, Zweifler und Grübler. Sitzt er über einem physikalischen Problem, ruht er nicht, bis er dessen Lösung gefunden hat. Und auch dann glaubt er den eigenen Resultaten noch nicht, variiert und wiederholt seine Experimente so lange, bis er sich absolut sicher ist. Am schlimmsten aber ist es im Herbst 1896. Da nimmt ihn eine Beobachtung so gefangen, dass er gar nicht mehr nach Hause zurückkehrt. Er bleibt für Tage im Labor, schläft dort auf einer schmalen Couch. Als er endlich zurückkommt, ist er blass und übernächtigt. Und doch: Sein Gesicht verrät, dass er etwas Bedeutendes entdeckt haben muss. Zu ihrem großen Erstaunen bittet er Anna Bertha, mit ins Labor zu kommen.

Sie muss sie stillhalten, darf sie nicht bewegen, die Hand mit dem Ring. Damit die Aufnahme nicht verwackelt. Es ist kurz vor Weihnachten, der 22. Dezember 1896. Sein Forschungslabor hat der Physiker völlig abgedunkelt, nur die Gasröhre brummt, so hoch ist die angelegte Spannung. Anna Bertha Röntgen bewegt ihre Hand nicht. Es ist etwas unheimlich. Noch unheimlicher aber ist, was zum Vorschein kommt, als Röntgen den Fotokarton entwickelt. »Ich habe meinen Tod gesehen«, wird Anna Bertha später sagen. Ihr Schrecken, verständlich. Wer hat jemals zuvor seine eigenen Knochen betrachtet? Dass es ihre Knochen sind, daran besteht kein Zweifel. Es ist eindeutig ihre Hand, das beweist der dunkle Schatten des Eherings.

Röntgen wird zum Star, unfreiwillig, denn die ganze Aufregung um ihn und seine Entdeckung strapaziert nur seine Nerven. Die Industrie wittert das große Geschäft, besonders die Medizinprodukthersteller. Man will ihm das Patent für seine X-Strahlen, wie er sie nennt, abkaufen, doch ein Patent hat er nicht beantragt. Wozu auch? Es würde die Entwicklung doch nur bremsen. Einladungen von hochgestellten Personen folgen, jeder will sich mit seiner Anwesenheit schmücken. Als ihn aber ein Gastgeber neben einer Gräfin am Tisch platzieren will, lässt Röntgen die Dame einfach stehen. Für ihn kommt nur eine Frau als Sitznachbarin infrage: seine Anna Bertha.

Briefe! Briefe über Briefe! Seitdem die Tageszeitungen von den sensationellen Strahlen berichten, hat der Postbote viel zu schleppen. Röntgen zerknüllt einen großen Teil der Briefe und wirft viele ungelesen in den Papierkorb. Sie sind ihm lästig, stören ihn bei seiner Arbeit. Doch Anna Bertha fischt viele wieder heraus und öffnet sie. Einen streicht sie glatt und gibt ihn ihrem Willy zu lesen. Das wird ihn aufheitern! Ein Mann schreibt, er habe eine Kugel im Brustkorb stecken, wo genau, wisse man nicht. Ob Röntgen ihm nicht ein paar von seinen Strahlen schicken könne? Röntgen muss grinsen und antwortet sogleich: »Werter Herr! Leider habe ich im Moment keine X-Strahlen auf Lager. Außerdem ist das Übersenden dieser Strahlen sehr schwierig. Ich schlage vor, dass wir es einfacher machen: Übersenden Sie mir doch einfach Ihren Brustkorb.«

Frühjahr 1901. Post aus Schweden. Ein Mann namens Nobel hat verfügt, mit seinem Vermögen regelmäßig Wissenschaftler auszuzeichnen. Das Komitee in Stockholm hat getagt. Der erste Nobelpreis für Physik wird verliehen, an Wilhelm Conrad Röntgen. Röntgen sind Auszeichnungen unangenehm. Zwar reist er nach Stockholm, hält aber keine Dankesrede, wie man es von ihm erwartet. Das Preisgeld stiftet er seiner alten Würzburger Universität, um junge Wissenschaftler zu fördern. Als der bayerische König ihm den Adelstitel verleiht, verzichtet er auf das »von«. Er bleibt Röntgen. Das muss reichen.

Seit dem Jahr 1900 wohnen sie in München, Röntgen wurde an die dortige Universität berufen. Doch so richtig glücklich werden sie an der Isar nicht; sie vermissen den Würzburger Freundeskreis, die Geselligkeit beim Frankenwein. Schön aber ist es, in die nahen

Berge zu fahren. Röntgen geht gerne zur Jagd, wandert mit Frau und Kind, trifft alte Freunde. In der Nähe von Weilheim hat er ein Landhaus erworben. Ein Foto zeigt das Ehepaar auf einem Schlitten, beide lächeln, wenn auch auf Anna Berthas Gesicht ein leichter Schmerz zu liegen scheint.

Die Kraft lässt nach, die Hände werden schwächer. Anna Bertha ist schon lange nicht recht gesund. Die Nieren machen ihr zu schaffen, sie spürt, wie die Krankheit immer mehr von ihr Besitz ergreift, bald kommt sie kaum mehr aus dem Bett, es geht nicht mehr. Wie gut, dass sie sich auf Willy verlassen kann. So viel hat sie ihm in all den Jahren abgenommen, die Haushaltsführung, die Korrespondenz mit Freunden und Verwandten, den ganzen Alltagskram, hat ihren Mann abgeschirmt, wenn er seine Ruhe brauchte. Nun ist es umgekehrt, nun ist er für sie da. Aufopferungsvoll pflegt er Anna Bertha, tut alles, ihr das Schicksal zu erleichtern. Tag und Nacht ist er an ihrer Seite, wäscht sie, kämmt sie, gibt ihr zu essen und zu trinken. Der große Wissenschaftler, der erfolgreiche Forscher und Hochschullehrer, dessen Namen jeder kennt, dessen X-Strahlen in Deutschland ihm zu Ehren seinen Namen tragen, wird zum Krankenpfleger. Kann es einen größeren Liebesbeweis geben?

Am 31. Oktober 1919 stirbt Anna Bertha in München. Man faltet ihre Hände zur letzten Ruhe. Röntgen überlebt sie um einige Jahre. Seit an Seit liegen sie nun im Familiengrab in Gießen. Unsterblich aber bleibt die Aufnahme, die Wilhelm Conrad Röntgen von der Hand seiner Anna Bertha gemacht hat, das erste Röntgenbild der Geschichte.

Anna Bertha Roentgen und ihre Nichte Josephine Bertha Ludwig

EMMY NOETHER UND DIE LIEBE ZUR MATHEMATIK

♡

23. März 1882. Erlangen, Hauptstraße 23. Max Noether, bekannter Mathematiker und königlich-bayerischer Universitätsprofessor, hält zärtlich sein erstes Kind in den Händen. Trotz seiner Gehbehinderung, Folge einer Kinderlähmung, trägt er es singend durch die Wohnung: »Emmy, kleine Emmy!«

1890. Im Hof der Städtischen Höheren-Töchter-Schule herrscht ausgelassenes Treiben. Aus dem Meer der blonden Mädchenschöpfe tauchen immer wieder zwei kastanienbraune Zöpfe auf, hüpfen bald hier-, bald dorthin. Sie gehören einem kleinen, munteren Mädchen. Etwas kurzsichtig ist sie und stößt mit der Zunge an. Alle mögen sie. Sie ist ein kluges Kind, vielfältig begabt. Sie fängt den Ball, wirft ihn gleich weiter. Die Pause ist vorüber, die Religionsstunde beginnt. Einige Mädchen trennen sich von den anderen. Sie besuchen den jüdischen Religionsunterricht. Emmy ist mit dabei.

Man kann sich in vieles verlieben: in seinen Banknachbarn, den Lehrer, den Nachbarsjungen. Aber in die Mathematik? Nichts ist Emmy lieber, als den Gesprächen zu lauschen, die ihr Vater mit seinen Kollegen führt. Aufmerksam sitzt sie auf ihrem Stuhl, während die Großen mathematische Probleme erörtern. Die Schönheit der Mathematik, ihre Klarheit, ihre Logik, der Sinn für Zusammenhänge: Schon früh entwickelt sie ein Gespür dafür. Auch wenn sie noch nicht alles versteht, nicht alles verstehen kann, so wächst doch ein tiefer Wunsch in ihr: Wie ihr Vater will sie ihr Leben der

Mathematik weihen. Doch wie soll das gehen? Schließlich ist sie ein Mädchen, »nur« ein Mädchen. Das Studium ist den Männern vorbehalten.

Wie es Frauen um 1900 an deutschen Universitäten ergehen konnte, zeigt die folgende (verbürgte) Szene: Semesterbeginn, der Hörsaal ist gut gefüllt, als der Professor an das Katheder schreitet. Sein Blick schweift über die Hörer, bleibt dann unvermutet haften. Er schweigt. Stille. Warum fängt er denn nicht an? Die Blicke der Studenten folgen dem seinen. Hundert Augenpaare richten sich auf eine junge Frau. Betroffenes Schweigen, darein die Worte des Professors: »Solange eine Frau im Hörsaal ist, fängt der Vortrag nicht an!« Die Studentin packt ihren Schreibblock, Tränen steigen in ihre Augen, beschämt und zornig müht sie sich durch die Sitzreihen, stößt an Knie, eilt die Treppe hinauf und verlässt den Saal. Ihre männlichen Kommilitonen bleiben sitzen. Die Vorlesung kann beginnen.

Emmy ist eine Kämpferin. In Erlangen kann man das Abitur an der Höheren-Töchter-Schule nicht machen? Dann fährt sie eben nach Nürnberg, erlangt die Hochschulreife dort. Doch an die Universität in Erlangen lässt man sie dennoch nicht, Frauen wird der Zutritt verwehrt. In Ansbach gibt es die Möglichkeit eines Lehramtsstudiums, allerdings nicht mit der Fachrichtung ihrer geliebten Mathematik. Was soll sie machen? Zum Glück gibt es ihren Vater und die Kollegen ihres Vaters. Sie sind beeindruckt von der Willensstärke der jungen Frau, ihrer brennenden Liebe zur Mathematik. Und intervenieren.

Wintersemester 1900. Universität Erlangen. Hörerverzeichnis: 984 Männernamen, zwei Frauennamen. Der eine: Emmy Noether.

13. Dezember 1907. Mündliche Prüfung zur Erlangung der Doktorwürde. Das Thema: Über die Bildung des Formensystems der ternären biquadratischen Form. Bestanden mit Prädikat! Summa cum laude. Gratulation von allen Seiten, die glückliche Mutter, der

stolze Vater. Die Verfasserin: eine junge Frau mit dichtem schwarzen Haar, hoher schöner Stirn, dunklen, lebendigen Augen hinter einer randlosen Brille, die Lippen stets zu einem herzlichen Lächeln bereit: Fräulein Doktor Emmy Noether.

Herbst 1915, Universität Göttingen. Göttingen gilt als Welthauptstadt der Mathematik. David Hilbert zieht die fähigsten Köpfe an. Aus der ganzen Welt kommen junge Männer in die Universitätsstadt gereist. In einer kleinen Stadtwohnung sind die Mathematiker unter sich. Es duftet nach Vanillepudding. In der Küche stapelt sich schmutziges Geschirr. Man redet über Mathematik. Eine Arbeitsgruppe. Berechnungen für Albert Einstein. Auf dem Tisch Blätter mit Formeln, Zahlen, Zeichen, gruppiert und durch Klammern gefasst: Differential-Invarianten. Mit dabei, lebhaft, lachend, mitreißend, voller Ideen, eine starke Frau: Emmy Noether.

Im Schwimmbad von Göttingen zieht sie ihre Bahnen. Der Schwimmsport ist ihre Leidenschaft. Doch selbst im Becken lässt sie die Mathematik nicht los. Ständig arbeitet es in ihrem Kopf. Symmetrien und Erhaltungssätze interessieren sie besonders. Was bedeuten Symmetrien für mathematisch-physikalische Modelle? Sie taucht unter, drei, vier kräftige Stöße unter Wasser, dann taucht sie wieder auf und wischt sich das Wasser aus den Augen. Eine Gleichung muss her, eine Feldgleichung! Was aber, wenn die Feldgleichung nicht exakt zu lösen ist? Dann muss ein Erhaltungssatz das notwendige Verständnis schaffen. Rasch steigt sie aus dem Becken, um die neuen Gedanken zu notieren.

9. November 1915. Universität Göttingen. Vortrag vor der renommierten Mathematischen Gesellschaft. Mit welcher Leidenschaft, mit welcher Liebe die junge Frau ihre Thesen vorträgt und verteidigt! Wie ihre Augen blitzen, wenn ihr ein neuer Beweis gelingt! Den Professorentitel hat sie verdient! Aber die Privatdozentenverordnung lässt nur männliche Bewerber zu. Dispens wird beantragt, jedoch vom Kultusminister abgelehnt. Ihr Chef David Hilbert

protestiert: Warum soll das Geschlecht des Kandidaten ein Argument gegen die Zulassung zur Habilitation sein? Ist die Uni eine Badeanstalt? 1919, mit den veränderten politischen Bedingungen in der jungen Republik dann endlich doch der Durchbruch. Am Mittwoch vor Pfingsten hält sie ihre Antrittsvorlesung: Frau Professor Dr. Emmy Noether

Wintersemester 1921/22. Mathematischer Hörsaal. Gespannt warten die Studenten auf den Beweis des Satzes von Maschke. Die junge Professorin tritt an die Tafel. Sie will eine neue Beweisführung wählen. Ihre Studenten kennen das von ihr. Ständig sucht sie neue Wege. Immer leidenschaftlicher wird ihr Vortrag, immer lebhafter ihre Bewegung. Die Kleidung gerät in Unordnung, die Bluse rutscht aus dem Rock, das aufgesteckte Haar macht sich frei. Muss sie niesen, so zieht sie ihr Taschentuch aus der weiten Bluse, schnäuzt sich und verstaut es wieder am Busen. Doch heute will ihr die neue Beweisführung nicht wie gewohnt gelingen. Zornig wird sie, wütend wirft sie die Kreide auf den Boden und zertrampelt sie. Nun muss ich das doch so machen, wie ich nicht will. Ernüchtert führt sie den Beweis in der traditionellen Weise zu Ende.

1933. Das Jahr der Machtergreifung. Ein Brief aus Berlin, vom preußischen Kultusminister: »Hiermit entziehe ich Ihnen, Frau Professor Emmy Noether, die Lehrbefugnis an der Universität Göttingen!« Sie passt nicht ins System: Jüdin, Sozialdemokratin, Wissenschaftler mit seltener und verdächtiger Geschlechtszugehörigkeit.

Oktober 1933. Ein Schiff fährt über den Atlantik, die »Bremen«. An Bord: Emmy Noether. Ein Hilfskomitee für deutsche Gelehrte in Not hat ihr eine Gastprofessur verschafft, in Bryn Marw. Sie wird mit Freuden empfangen, lehrt zugleich im nahen Princeton. Sie ist nicht verbittert, stürzt sich sogleich auf die neuen Aufgaben. Alles kann man ihr nehmen, nicht aber die Liebe zur Mathematik. Einmal noch besucht sie Deutschland, um Abschied von ihrem Bruder zu nehmen, der nach Russland emigriert. In Göttingen behandelt man sie wie eine Fremde. Frühere Kollegen meiden sie sogar. Rückreise in die USA. Am 14. April 1935 stirbt Emmy Noether völlig unerwartet an den Folgen einer Routineoperation.

19. April 1935. Tagung der American Mathematical Society. Als der Vorsitzende sichtlich erschüttert den Tod Emmy Noethers bekannt gibt, erheben sich die Gelehrten spontan von ihren Plätzen. Schweigend ehren sie die große Mathematikerin. Ein Freund erinnert sich: Sie liebte die Menschen, die Wissenschaft und das Leben mit der ganzen Innigkeit, mit der ganzen Heiterkeit, mit der ganzen Selbstlosigkeit, zu der eine im hohen Grade feinfühlige – und weibliche – Seele fähig ist.

Das Geburtshaus Emmy Noethers in der Hauptstraße 23 in Erlangen

MOGETISSA UND VERECUNDA

Das erste Liebespaar aus Franken

♡

1867. Überall in Deutschland entstehen neue Bahnstrecken. Nachdem 1835 der Adler, die erste deutsche Eisenbahn, von Nürnberg nach Fürth gedampft ist, ist ein wahres Eisenbahnfieber ausgebrochen. Nicht nur die Großstädte werden miteinander verbunden, auch auf dem Land ist man begeistert von der neuen Technologie, viele Ortschaften bewerben sich darum, eigene Strecken zu erhalten. So reißt man auch zwischen Treuchtlingen und Pleinfeld die Erde auf, mitten im Winter, hackt und gräbt, um ein Gleisbett zu bauen. Bei den Arbeiten stößt die Spitzhacke eines Arbeiters auf ein hartes Stück Metall. Er bückt sich, zieht eine kleine Platte aus der Erde, wischt sie mit den Händen sauber. Das, was dort steht, bleibt ihm jedoch ein Rätsel. Es ist in einer fremden Sprache geschrieben. Der Mann zeigt es seinem Vorarbeiter, der staunt nicht schlecht. Das ist Latein! Das kann, das muss aus der Römerzeit stammen!

Das Bronzetäfelchen hat die Größe eines kleinen Tabletcomputers, misst 16 mal 13 Zentimeter. Fein säuberlich ist es beschriftet, eine Urkunde, ein Militärdiplom, ausgestellt am 30. Juni des Jahres 107 nach Christus. Den größten Teil des Textes umfassen Hinweise auf die Herrschaftsverhältnisse jener Zeit, darauf, dass Trajan regiert, jener Trajan, dem man in Rom eine gigantische Säule hingestellt hat, die in spiraliger Aufwärtsbewegung von seinen Ruhmestaten berichtet. Das römische Reich hat unter Trajan die größten Ausmaße erreicht, im Osten führt der Kaiser erfolgreich Kriege, aber auch im Norden, im kühlen Germanien, hält er sich auf und sieht nach dem Rechten. Als ihn die Nachricht erreicht, dass sein kaiserlicher Adoptivvater Nerva gestorben und er nun der neue Kaiser ist, macht er gerade eine Visite in Köln. Mit der Reise nach Rom und den damit verbundenen Feierlichkeiten lässt er sich Zeit, erst inspiziert er den Limes, die Grenzmauer, die vom Rhein an die Donau verlegt wurde. Ob er dabei auch nach Biriciana gekommen ist, dem heutigen Weißenburg? Durchaus anzunehmen. In Biriciana befand sich ein großes Militärlager, dort war eine Reitereinheit stationiert. Einen der Reitersoldaten kennen wir beim Namen: Mogetissa. Für ihn wurde das Militärdiplom erstellt, das der Eisenbahnarbeiter fast zwei Jahrtausende später zwischen Treuchtlingen und Pleinfeld aus der Erde zog.

Warum ist das Täfelchen für dieses Buch von Interesse? Ganz einfach: Zentral geht es bei dem Militärdiplom nicht um Kampf und Krieg, sondern um Liebe und Heirat, kein einfaches Thema für einen Soldaten des römischen Reiches. Kaiser Augustus, der rund hundert Jahre zuvor herrschte, war mit dem Zustand seiner Truppen unzufrieden gewesen. Zu groß war ihm die Anzahl der Zivilisten erschienen, die mit dem Heer marschierten. Besonders die Frauen und Kinder der Soldaten waren Augustus ein Dorn im Auge; er fürchtete einerseits die zunehmende Unbeweglichkeit seiner Legionen, andererseits die mangelnde Kampfmoral seiner Krieger, denn Soldaten, die morgens noch mit Frau und Kind gefrühstückt haben, sind im Allgemeinen wenig zum Kämpfen aufgelegt. So verfügte Augustus ein strenges Eheverbot für Soldaten. Heiraten durfte nur, wer dem Kaiser 25 Jahre treu gedient hatte. Danach konnte der Krieger ehrenhaft entlassen werden und zugleich, so es sich um einen Ausländer handelte, das römische Bürgerrecht erhalten.

Dem Kaiser treu gedient hatte Mogetissa, der Sohn des Comatullus, ein Kelte aus dem Stamm der Boier. Der Reitersoldat hatte seinen Dienst in der in Weißenburg stationierten Einheit Ala I

Hispanorum Auriana verrichtet, einer Auxiliareinheit, einer Hilfstruppe aus ursprünglich überwiegend spanischen Soldaten. Mit der Aushändigung des Militärdiploms erhielt Mogetissa die Erlaubnis, seine Verecunda zu heiraten, zu Deutsch »die Schüchterne«, eine Frau aus dem ebenfalls keltischen Stamm der Sequaner. Mogetissa und Verecunda waren längst ein Paar, auch ihre gemeinsame Tochter Matrulla wird erwähnt. Wie mag die Hochzeitsfeier abgelaufen sein? Vermutlich nicht viel anders als bei anderen römischen Paaren jener Zeit. Nicht ganz einfach war es, einen passenden Termin zu finden, denn es galt, einen Unglückstag auszuschließen, und von diesen gab es viele im alten Rom. Ob Verecunda die Spielsachen und das Kleid ihrer Kindheit am Vorabend dem Hausgott geopfert hat, wie es für eine Braut üblich war, wissen wir nicht, denn Verecunda war ja schon junge Mutter und hat ihre Spielsachen vielleicht lieber ihrer Tochter Matrulla gegeben. Bestimmt aber wird sie sich festlich gekleidet haben, als Unterkleid eine weiße Tunika, gegürtet mit einem Strick aus Wolle und einem Herkulesknoten, darüber vermutlich die Palla galbeata, ein rotgelbes, faltenreiches Kleid, und über dem Haar das Flammeum, einen leuchtenden Schleier. Viel zu tun hatte die Friseurin. Sie musste Verecundas Haar mittels einer im Krieg verwendeten Lanzenspitze zu sechs Zöpfen flechten, diese mit Wollfäden umwickeln und zu einer Hochfrisur, die den Nacken freiließ, zusammenstecken. Zum Schluss wurde noch ein Blütenkranz darum drapiert. Bestimmt wird sie nicht nur Mogetissa sehr gefallen haben.

Anzunehmen ist, dass die junge Familie auch nach Mogetissas aktiver Dienstzeit in der Nähe seiner alten Garnison wohnhaft blieb, südlich des Limes selbstverständlich, im römischen Teil Frankens, vielleicht genau an jener Stelle zwischen Treuchtlingen und Pleinfeld, wo man knapp zweitausend Jahre später sein Diplom gefunden hat. Mit dem Bronzetäfelchen konnte sich Mogetissa jedem Sittenrichter gegenüber ausweisen und brauchte keine Strafen und Sanktionen zu befürchten. Wie wird sein Leben nach dem Soldatendienst ausgesehen haben? Möglich, dass er sein Töchterlein in die Kunst des Reitens eingeführt hat, um mit ihr ein paar gemeinsame Ausritte in die Gegend um Gunzenhausen oder Theilenhofen zu machen, vielleicht ist er mit der Familie sogar bis nach Regensburg oder Augsburg gefahren, um seine hübsche Frau ins Freilichttheater auszuführen oder zu Schaukämpfen in der Arena und natürlich in die schicken Thermen.

Fest steht, Mogetissa und seine Frau sind das erste Liebespaar auf fränkischem Boden, von dem uns die Geschichte erzählt, zumindest solange kein älteres Fundstück aus den fränkischen Äckern auftaucht. Hoffen wir, dass auch ihre Tochter Matrulla ihr Eheglück gefunden hat. Vielleicht lebt das Blut der Familie ja noch in Franken fort. Und wer nach einem Namen für sein neugeborenes Töchterchen sucht – wäre nicht auch Matrulla eine hübsche Alternative? Matrulla, der Name des ältesten fränkischen Babys, von dem wir wissen.

Wenn jemand in der nächsten Zeit nach Rom reisen sollte: Bei dem Weißenburger Militärdiplom handelt es sich um die überprüfte Abschrift einer Bronzetafel, die in Rom an der Mauer hinter dem Tempel des göttlichen Augustus auf dem Palatin beim Standbild der Minerva angeschlagen war. Vielleicht hängt das Original ja noch irgendwo.

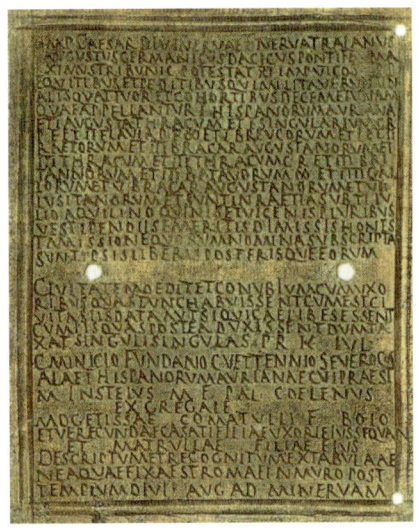

Das Mogetissa-Diplom

COSIMA UND RICHARD WAGNER
♡

Bayreuth, 22. Mai 1872. Richard Wagner nimmt drei Kellen Mörtel und spricht: »Sei gesegnet, du Stein, bleibe für lange Zeit fest und halte gut.« Es ist ein regnerischer Tag, als sie auf dem Grünen Hügel den Grundstein legen. Was für eine verrückte Idee! Im abgelegenen Bayreuth ein gewaltiges Konzerthaus errichten zu wollen, ja mehr als das, ein Festspielhaus ausschließlich für seine Werke, die Werke Richard Wagners. Man kann nur staunen über dieses Selbstbewusstsein!

Es gibt ein Festkonzert zur Grundsteinlegung. Selbstverständlich steht Richard Wagner am Pult und dirigiert anlässlich des Festtags die Neunte seines geliebten Beethoven, und zwar mit solch einer Verve, dass ein Besucher kopfschüttelnd berichtet: »Wie ein Narr ist er in die Luft gesprungen, hat Lorbeerkränze in die Luft geschmissen, drei Taktstöcke zerschlagen und dann ein Stuhlbein herausgerissen und damit weiterdirigiert!«

Wann hat je ein Komponist sein eigenes Operhaus gebaut? Mozart? Verdi? Beethoven? Und wie will Richard Wagner den Bau überhaupt finanzieren? Er, der chronisch pleite ist, der stets auf der Flucht ist vor alten Geldgebern und auf der Suche nach neuen. Ist das nicht ein Ding der Unmöglichkeit? Zwar hat er sich mit seiner Musik einen Namen gemacht, seine neuen Ideen aber sind nicht unumstritten. Viele können mit seinen Opern nichts anfangen, andere wiederum loben sie in den Himmel. Darunter finden sich Anhänger, die bereit sind, mit der Zeichnung von Anteilsscheinen die Finanzierung des Festspielhauses zu sichern, zu wenige allerdings. Um neue Unterstützer zu finden, ist es nötig, auf Reisen zu gehen, Auftragsarbeiten anzunehmen, und wenn sie noch so erniedrigend sind.

Dabei gibt es in Bayreuth bereits ein Opernhaus, eines der schönsten in Deutschland. Wilhelmine, die Lieblingsschwester des Alten Fritz, hat es erbauen lassen, feinstes Barock. Auch Richard Wagner äußerte seine Bewunderung, dennoch, das Haus kommt für seine Opern nicht infrage. Auch wenn es eines der größten in Deutschland ist, für seine Zwecke ist es einfach zu klein. Er plant für zweitausend Zuschauer. Zu seinen Festspielen soll einmal die halbe Welt pilgern, da braucht es Platz. Und eine besondere Akustik. Wie hat er in Paris über den Orchesterklang gestaunt, als er hinter einer Holzverkleidung gestanden und einer Oper gelauscht hat. So muss Musik sein! Aus einem Guss, wie aus sich selbst entstehend. Man soll die einzelnen Instrumente nicht mehr heraushören, alles soll zu einem einzigen Klangerlebnis verschmelzen. Dafür muss das Orchester in einem tiefen Graben verschwinden, unsichtbar für das Publikum. Der Klang soll von dort wie durch einen Trichter zur hohen Decke hinaufsteigen und vom Holz zurück in den Saal reflektiert werden. Eine Fülle des Wohlklangs wie in keinem anderen Musiktheater. Und keine Logen oder anderen Schnickschnack! Nur der Bühne und der Musik soll die Aufmerksamkeit gelten. Im Herzen ist Richard Wagner, der Mann, der in seiner Jugend in seiner sächsischen Heimat auf die Barrikaden gestiegen ist, um für die Republik zu kämpfen, immer noch ein Sozialist. Auch wenn er engen Kontakt zu den Fürsten und Mächtigen hält.

Richard Wagner ist ein ungeheuer energischer Mann, ein Anpacker und Macher. Und doch, auch er wird nicht selten von Zweifeln gepackt, durchlebt Phasen schmerzlicher Mutlosigkeit. Eines aber hält ihn aufrecht, gibt ihm neuen Mut, lässt ihn weiter an sich und seine Pläne glauben: eine Frau, die Tochter des größten Pianisten aller Zeiten, eine ungeheuer selbstbewusste, vornehme Erscheinung, seine Cosima.

Lange haben sie ihre Liebe der Welt gegenüber geheim gehalten. Begonnen hatte alles mit einem leidenschaftlichen Kuss in einer Berliner Kutsche; seither konnten sie nicht mehr voneinander lassen. Versteck spielen mussten sie mit der Welt, weil Cosima bereits verheiratet war, noch dazu mit einem überaus sympathischen Mann und Freund Wagners, dem Dirigenten Hans von Bülow. Zwei Töchter, Daniela und Blandine, waren aus dieser Ehe hervorgegangen. Wie sollte es für Cosimas Liebe zu Richard eine Zukunft geben? Man traf sich offiziell und heimlich, Richard gab Cosima als seine Sekretärin aus, um kein Misstrauen zu erwecken, zusammen genossen sie in München zärtliche Stunden. Nach dem Rauswurf Wagners aus der Isarmetropole entschloss sich Cosima, ihrem Geliebten, der kaum jünger war als ihr Vater, überallhin zu folgen. Zusammen zogen sie dann nach Tribschen, an das Ufer des idyllischen Vierwaldstättersees.

Lange konnte man das intime Verhältnis nicht mehr verbergen. Als Cosima ein weiteres Mal schwanger wurde, glaubte noch jeder an die erneute Vaterschaft Hans von Bülows. Dieser ahnte natürlich als Erster, was hinter den Türen passierte. Tief verletzt gab er sich alle erdenkliche Mühe, sich seinen Kummer nicht anmerken zu lassen, ja, lud in einem ergreifenden Brief alle Schuld auf sich und gab seine Frau schließlich frei für den Freund, den er unendlich bewunderte.

Schwieriger war es, den Segen von Cosimas Vater zu bekommen. Franz Liszt, der begnadete Pianist und Komponist, dem das Publikum zu Füßen lag, wenn er sich in den Salons an die Tasten setzte und das schlohweiße Haar seinen Künstlerkopf umwehte, war ein tiefgläubiger Katholik. Eine Scheidung seiner Tochter, eine neue Beziehung? Ein Ding der Unmöglichkeit, selbst wenn der Neue ein genialer Musikerkollege war. Es brauchte viele Charmeoffensiven Wagners, das Herz Liszts umzustimmen. Schließlich aber gelang es. Nach dem Ausräumen weiterer Hindernisse wurde die Ehe mit Hans von Bülow geschieden, Cosima war wieder frei.

Sechs Wochen später heiratete sie zum zweiten Mal, ein evangelischer Pfarrer sprach die Segensworte. Richard zuliebe konvertierte Cosima zum lutherischen Glauben. Auf einem Foto aus jenen Tagen blicken sie sich tief in die Augen. Cosima sitzt und schaut zu ihm auf, ein kleiner Kniff, ist Cosima doch 15 Zentimeter größer als ihr Mann. Ihr erstes gemeinsames Kind nannten sie Isolde, Eva und Siegfried folgten. Da man nun die Verhältnisse legalisiert hatte, lag es nahe, ein bleibendes Zuhause für die Familie zu suchen. Wo aber wollte man eine neue Heimat finden?

Ein neues, ein eigenes Haus muss her, in Bayreuth natürlich, um das Festspielprojekt voranzutreiben. Und natürlich darf es nicht irgendein Häuschen werden, auch wenn man pleite ist. Eine repräsentative Villa soll es sein, von Wagner eigenhändig entworfen, mit einer riesigen Empfangshalle. »Hier wo mein Wähnen Frieden fand – Wahnfried – sei dieses Haus von mir benannt.«

Ohne sprachliche Anspielungen auf die germanische Mythologie geht es nicht, das Festspielhaus soll schließlich die Feierstätte für den Ring des Nibelungen werden, den großen Opernzyklus nach germanischen Motiven.

Alles muss für Wagner vom Feinsten sein. Seine Bücher in edlem Ledereinband, in jedem Raum ein Klavier, für die Kleider nur die edelsten Stoffe aus Paris, dazu teures Parfum und genügend Personal, um sich den Alltag zu versüßen. Ein Herz aber hat er für die Kinder, auch für die Stieftöchter. Er erträgt es nicht, wenn Cosima zu streng zu ihnen ist, ist ein Verfechter der freien Erziehung. Verliebt ist er auch in seine Hunde. Als Molly stirbt, seine Lieblingshündin, seine Fußablage, begräbt man sie heimlich im Garten der Villa. Richard aber spürt, was passiert ist, und läuft klagend durch das Haus, »Molly« rufend; seine Tränen trocknet Cosima – wie immer Cosima. Sie möchte »dienen, dienen« wie Kundry, ihrem Mann Richard, vor allem aber seinem Werk.

Stets muss sie in seiner Nähe sein. Sie ist ihm weit mehr als eine Geliebte, er muss sie ständig um sich haben, braucht ihr Urteil in musikalischen Fragen, diskutiert mit ihr philosophische Probleme seines verehrten Schopenhauer. Einig sind sie sich auch in ihrem Antisemi-timus, den Cosima vielleicht noch rigoroser vertritt als ihr Mann. Gegenseitig lesen sie sich oft am Abend vor. Auch Nietzsche, der aufgehende Stern am Denkerhimmel, ihr kränkelnder Freund, verbindet und beschäftigt sie. Oft lädt man ihn nach Bayreuth ein. Nietzsche begreift sich selbst als Musiker, widmet Cosima ein verliebtes Stück, über das Wagner nur heimlich lachen kann. Nietzsche liebt Wagner, mehr noch Cosima, was am Ende zu trauriger Verstimmung führen sollte. Cosima ist keine schlechte Pianistin. Gerne setzt sie sich zu Wagner an den Flügel, dann spielen sie vierhändig. Sie versteht sich als seine Muse, will sein Genie fördern, so anstrengend das auch ist. All ihre eigenen Wünsche stellt sie zurück, glücklich ist sie nur, wenn er komponiert, wenn er an seinem Werk arbeitet. Ihre ganze Energie, ihr ganzes Streben gehört ihm allein. Maßlos eifersüchtig aber reagiert Wagner, wenn jemand anderes die Aufmerksamkeit seiner Frau beansprucht; bei Nietzsche geht es noch, schlimmer ist es, wenn Cosimas Vater zu Gast ist, der alte Liszt, und sich seine Frau zu langen Gesprächen mit ihrem Papa zurückzieht. Heftige Szenen folgen dann und Zeiten kalten Schweigens. Liszt ist Wagners größter Nebenbuhler, wenn es um Cosimas Zuneigung geht.

Nach drei Jahren Bauzeit ist es so weit, das Festspielhaus ist fertig. Prächtig steht es auf dem Hügel, Romantik im hellenistischen Gewand. Die ersten Festspiele stehen auf dem Programm, mächtig Werbung hat man dafür gemacht, viele Promis reisen an, Kaiser Wilhelm und, nach Jahren der schmerzhaften Trennung, auch Ludwig II. Der bayerische König erträgt keine Massen, die ihm zujubeln, reist bei Nacht mit dem Zug an, in seinem Prunkwagen, lässt auf offener Strecke halten, wo Wagner ihn im Mondschein erwartet und zur Eremitage begleitet. Dorthin lässt Ludwig auch Cosima rufen, den einzigen Menschen, so sagt er, der ihm immer vertraut hat. Im menschenleeren Festspielhaus wird nur für den König gespielt. Ergriffen von der Musik wandert er nachts noch lange durch den Park der Eremitage, beseelt vor sich hinsingend.

Cosima ist in ihrem Element. Es gibt ein Festspielkomitee, das sie jede Woche empfängt. Sie ist sich ihrer Rolle bewusst und voller Stolz; nie trägt sie ein Kleid ein zweites Mal. Der Ring geht über die Bühne, das Publikum glüht vor Begeisterung, enttäuscht jedoch ist Richard Wagner. Es liegt nicht am Orchester, nicht an den Sängern, nicht an der Bühne, auch wenn manch peinliches Missgeschick passiert ist, etwa als der Bariton den Nibelungen-Ring verlor und anfing, hinter der Kulisse zu suchen. Der wahre Grund für Wagners Unzufriedenheit ist ein anderer: Es liegt an ihm selbst. Der Ring ist nicht das, was ihm wirklich am Herzen liegt, das wird ihm noch einmal in aller Deutlichkeit klar. Eine andere Botschaft ist ihm wichtiger, eine andere Oper, ach was, keine Oper, ein Weihefestspiel von religiösem Charakter, sein Parsifal. Darauf will er alle seine noch verbleibende Energie richten, der Parsifal soll die Welt erlösen und, was noch schwerer scheint, ihn selbst. Wie aber soll er den Parsifal meistern? Alle Kraft, alle Energie zur Fertigstellung des Rings hat ihm Cosima gegeben, ihm aber auch abverlangt, nun ist sie erschöpft und müde. Für ein neues Stück, für ein Werk von solchen Dimensionen braucht er neuen Schwung, neue Inspiration.

Er findet sie in einer jungen, hübschen Französin. Mit 63 Jahren verliebt sich Richard Wagner in Judith Gautier, klettert mit ihr vergnügt durch sein Festspielhaus, küsst sie hinter den Kulissen, besucht sie heimlich in ihrem Quartier, fällt vor ihr zu Boden, berauscht sich an ihrem Parfum. Amüsiert betrachtet die junge Frau den Komponisten und seine Avancen. Ihr gefällt seine Musik, aber gefällt er ihr auch als Mann? Wo er doch so viele Jahre älter ist. Erfolgreiche Männer aber haben bei vielen Frauen einen Stein im Brett. Als die Festspiele zu Ende gehen und Judith abreisen muss, schreibt Wagner ihr einen Brief: »Chère! Ich bin traurig! Heute Abend noch ein Empfang, aber ich gehe nicht hin! Ich lese einige Zeilen in *Mein Leben*, die ich früher einmal Cosima diktiert habe. Sie opfert sich den Gewohnheiten ihres Vaters – leider! Sollte ich Sie heute Morgen zum letzten Mal umarmt haben? Nein! – Ich werde Sie wiedersehen – ich will es, weil ich Sie liebe! – Adieu – Seien Sie gut zu mir!«

Der unverstandene, eifersüchtige Ehemann! Über ein Jahr dauert die Affäre, glühende Briefe schreibt Wagner nach Paris, erinnert sich mit quälender Sehnsucht an ihre Umarmungen, »das betörendste und stolzeste Ereignis meines Lebens: Das war ein letztes Geschenk der Götter, die nicht wollten, dass ich dem Kummer über den falschen Glanz der Aufführungen meiner Nibelungen erliege.« – Ob Cosima etwas ahnt? Zumindest lässt sie sich nichts anmerken. Richard gehört ihr allein, seine Musik ist ihr Lebenswerk. Von niemandem wird sie sich ihren Lebensplan zerstören lassen, erst recht nicht von einer dahergelaufenen Französin. Richard ist leicht entflammbar, ebenso schnell aber erlischt das Strohfeuer wieder. Er braucht sie, sie allein, ihre Nähe, ihre Aura, das weiß Cosima ganz genau. Dafür ist sie bereit, Kränkungen hinzunehmen. Und die Geduld zahlt sich aus, bald gehört er ihr wieder ganz.

Als es kühl wird in Bayreuth, als die herbstlichen Nebel aufsteigen, brechen die Wagners auf nach Süden, nach Italien. Mit der ganzen Familie und dem Personal. Neapel, Sorrent, Sizilien, Palermo, im milden Licht der südlichen Sonne vollendet Wagner den Parsifal. Im Sommer des nächsten Jahres, am 26. Juli 1882, ist Premiere im Bayreuther Festspielhaus, ein grandioses Ereignis. Tränen der Rührung fließen. Ein junger Mann, aus dem ein großer Musiker werden soll, wird es später so beschreiben: »Als ich, keines Wortes fähig, aus dem Festspielhaus hinaustrat, da wusste ich, dass mir das Größte, Schmerzlichste aufgegangen war, und dass ich es unentweiht mit mir durch mein ganzes Leben tragen werde.«

Erschöpft ist Wagner und auch der Rest der Familie urlaubsreif. Dieses Mal geht es nach Venedig, wo man sich im Palazzo Vendramin standesgemäß einrichtet. Kurz nach der Ankunft aber fühlt sich Wagner unwohl. Man sitzt ohne ihn beim Essen, als das Hausmädchen aus seinem Zimmer stürzt: »Seine Frau soll kommen und der Doktor!« Cosima springt auf und rennt los, so heftig an die Zimmertür stoßend, das diese zerbricht. Sie kommt zu spät. Richard ist an seinem Schreibtisch zusammengebrochen, die Uhr entgleitet seiner Tasche, die Taschenuhr, die sie ihm geschenkt hat. »Meine Uhr …«, murmelt er noch, dann stirbt er. Auf dem Schreibtisch liegt das Manuskript seines Aufsatzes »Über das Weibliche im Menschlichen«. Die letzten Zeilen lauten: »Gleichwohl geht der Prozess der Emanzipation des Weibes nur unter ekstatischen Zuckungen vor sich. Liebe – Tragik.«

Es ist der 13. Februar 1883. Cosima umklammert ihren toten Mann, spricht nicht mehr, stammelt nur einzelne Worte, einen ganzen Tag lang weicht sie nicht von seiner Seite. Als man ihn zur letzten Ruhe bettet, schneidet sie sich ihre herrlichen Haare ab, legt sie Richard in den Sarg. Auch nach dem Tod hält sie ihm die Treue. Sie wird zur Hüterin des Grals, überwacht in Bayreuth die Aufführungen der Werke Wagners auf das Strengste. Nichts darf geändert werden, nicht die kleinste Kleinigkeit.

Jahr für Jahr pilgern die Wagnerianer auf den Grünen Hügel, eine Wallfahrt der besonderen Art. Cosima ist die unbestrittene Herrscherin des Grünen Hügels, auch als ihr Sohn Siegfried die offizielle Leitung der Festspiele übernimmt. Als sie am 1. April 1930 hochbetagt stirbt, hat sie ihren Mann um 47 Jahre überlebt. Wunschgemäß wird ihre Asche im Garten der Villa Wahnfried bestattet, an der Seite ihres geliebten Richard.

In ihrem Tagebuch, das Cosima an dem Tag begann, als sie sich endgültig von Hans von Bülow trennte, um ihr Leben künftig Richard zu weihen, hatte sie ihm zugerufen: »Ich komme zu dir und will mein höchstes, heiligstes Glück darin finden, Dir das Leben tragen zu helfen.«

Richard-Wagner-Festspielhaus am Grünen Hügel, Bayreuth

ROYALE LIEBE AUS FRANKEN

Eine besondere »Viktorianische Liebesgeschichte«

♡

Was sie sich wohl gegenseitig ins Ohr geflüstert haben, ist leider nicht überliefert. Sicher ist aber: Prinz Albert von Sachsen-Coburg und Gotha und Queen Victoria haben vor allem auf Deutsch miteinander gesprochen. Das Traumpaar des 19. Jahrhunderts erzählt eine ganz besondere »Viktorianische Liebesgeschichte«, die bis heute Spuren in Coburg und Umgebung hinterlassen hat. Denn, man höre und staune: Ohne die beiden gäbe es heute keinen britischen König Charles III. und wir hätten Queen Elizabeth II. niemals kennengelernt.

Ein genauer Blick auf den zugegebenermaßen zuweilen unübersichtlichen Stammbaum des englischen Königshauses belegt es schwarz auf weiß: Die heutigen Royals sind Nachkommen von Franken – genauer gesagt von Prinz Albert von Sachsen-Coburg und Gotha und Queen Victoria.

Wir schreiben das Jahr 1819. Auf Schloss Rosenau bei Coburg erblickt Prinz Albert von Sachsen-Coburg und Gotha das Licht der Welt. Mehr als 600 Meilen entfernt, wird im selben Jahr Victoria im Kensington Palast in London geboren.

Während Albert Bildungsreisen an die Fürstenhöfe in Dresden und Berlin unternimmt, Wien, Paris und London besucht, Komposition, Gesang und Orgel in Italien studiert und ein geisteswissenschaftliches Studium an der Universität Bonn abschließt, wird Victoria darauf vorbereitet, den britischen Thron zu besteigen. 1837, kurz nach ihrem 18. Geburtstag, ist es so weit: Sie wird als Nachfolgerin ihres Onkels William IV. zur Königin von Großbritannien und Irland gekrönt. Was ihr fehlt, ist ein Ehemann. Die britische Öffentlichkeit ist zunehmend der Ansicht: »That's the last straw.«

Es ist höchste Zeit. Also kommt es, wie es zur damaligen Zeit kommen musste: Auf Vermittlung ihrer Großmutter Auguste Caroline Sophie und ihres Onkels Leopold wird Victoria mit ihrem Cousin Albert verlobt. 1840 schließen der Coburger Prinz und die englische Königin schließlich den Bund der Ehe. Eine »ganz normale« Ehe in der adeligen Welt des 19. Jahrhunderts? Nicht ganz. Die beiden soll tatsächlich eine tiefe Zuneigung zueinander verbunden haben. Das Ergebnis ihrer Liebe: neun Kinder, 39 Enkel und 88 Urenkel.

Einer der Nachkommen ist ihr Sohn Albert Edward. »Bertie«, wie er liebevoll genannt wird, besteigt am 22. Januar 1901 nach dem Tod seiner Mutter (Prinz Albert ist bereits am 14. Dezember 1861 im Alter von 42 Jahren im 22. Ehejahr vermutlich an Typhus gestorben) den Thron und wird König des Vereinigten Königreichs von Großbritannien und Irland. König Eduard VII. ist damit der erste König aus dem Haus Sachsen-Coburg und Gotha. Er begründet damit jene Dynastie, die noch heute in England auf dem Thron sitzt.

Doch *why the hell* spricht heute alle Welt von König Charles III. aus dem Hause Windsor und nicht von König Charles III. von Sachsen-Coburg und Gotha? Schuld daran sind der Erste Weltkrieg und George V., ein Enkel von Queen Victoria, der 1910 den Thron besteigt. Am 4. August 1914 unterschreibt er die Kriegserklärung gegenüber dem damaligen Deutschen Kaiser Wilhelm II. – ausgerechnet seinem Cousin. Die antideutsche Stimmung im Land wächst und wächst mit Anhalten des Kriegs, das Königshaus gerät folglich zunehmend unter Druck. 1917 ringt sich Georg V. schließlich zum folgenreichen Schritt durch: Das Haus Sachsen-Coburg und Gotha wird in den Namen Windsor umbenannt.

Doch Victoria sei Dank, wird die ganze Welt bis heute an die fränkischen Ursprünge des Hauses Windsor erinnert. Aus Liebe: Denn in Erinnerung an ihren Mann lässt die Königin noch zu Lebzeiten unzählige Albert-Denkmäler errichten. Im Londoner Hydepark entsteht das Albert-Memorial als nationale Gedenkstätte. Auch auf dem Coburger Marktplatz wacht bis heute sein Standbild. Es ist der Ort, an dem die beiden bei ihrer ersten gemeinsamen Auslandsreise, jubelnd von den Menschen empfangen werden. Wann König Charles III. wohl wiederkommt? Sein letzter Besuch in der Heimat zweier seiner Ur-Ur-Ur-Großeltern liegt lange zurück. Was er wohl seiner Camilla dann ins Ohr flüstert? Naja, lassen wir das. »Sometimes ignorance is bliss«, man muss (besser) nicht alles wissen.

Wohnhaus von August Graf von Platen in Erlangen, Marktplatz 4

AUGUST GRAF VON PLATEN

Verliebt in Erlangen

♡

In Erlangen gibt es viele Studentenbuden. Zimmer an Studenten zu vermieten war seit Jahrhunderten schon eine willkommene Einnahmequelle für viele Erlanger. Das abgebildete Haus am Erlanger Marktplatz, der Grande Place, wie er seit Hugenottenzeiten hieß, gehörte einem Kaufmann. Am 24. Oktober 1819 begrüßte er einen Studenten aus Ansbach, der seinen Studienort gewechselt hatte. An diesem Tag feierte der junge Mann seinen 24. Geburtstag, doch zum Feiern war ihm nicht zumute. Blass sah er aus, traurig und erschöpft. Vom Fenster seines neuen Zimmers ging der Blick auf das vor Jahren ausgebrannte Schloss. Seufzend fuhr er sich übers Gesicht. Genauso fühlte er sich, ausgebrannt und ohne Hoffnung auf bessere Zeiten: August Graf von Platen.

Ein Brief hatte ihn aus seinem geliebten Würzburg vertrieben. In den Ferien, im heimatlichen Ansbach, hatte er ein Schreiben von einem jungen Mann erhalten, dem er nach langem Zögern seine Liebe gestanden hatte. Adrast nannte er ihn. Zitternd hielt Platen den Brief nun erneut in den Händen. Lange, lange hatte er gezögert, ihn zu erbrechen. Wer beschreibt den Schrecken, der ihn durchfuhr, als er lesen musste, was Adrast ihm schrieb:

Herr Graf! Heute habe ich Ihr schimpfliches Schreiben erhalten und heute schicke ich es Ihnen samt allem, was ich hier noch von Ihnen in den Händen habe, zurück. Was ich noch dergleichen in Würzburg

habe, erhalten Sie in den ersten Stunden nach meiner Ankunft da-
selbst; ebenso bitte ich mir all das Meinige zurück, denn weder will
ich etwas von einem Menschen besitzen, den ich wegen seiner ab-
scheulichen Gelüste verachten muss, noch soll er etwas von mir haben

Verzweifelt vergrub Platen sein schmales Gesicht in den Händen. Wie hatte er nur so naiv sein können, Adrast seine Liebe einzugestehen? Was hatte er sich vorgemacht? Hatte geglaubt, in den Augen des Freundes den Widerschein seiner eigenen Gefühle zu erblicken. Und dann das! Ein pestartiges Übel war er, weil er sich in Männer verliebte, grässlich verdorben war sein Charakter. Ja, so war es. Frauen waren ihm gleichgültig. Nie verliebte er sich in eine Frau, ausschließlich in Männer. Doch anvertrauen durfte er sich nicht mehr. Wie schrieb Adrast? Sonst müsste er der menschlichen Würde gänzlich entsagen. Nein, das schwor sich Platen, kein Abenteuer mehr! Er würde der Liebe entsagen, würde leben wie ein Mönch, einsam und allein.

Platen erhob sich mühsam und begann, seine größten Schätze, seine Bücher, in das neue Regal zu stellen, als es an der Zimmertür klopfte. Er zögerte. Wer konnte das sein? Vor der Tür stand ein junger Student und begrüßte ihn mit strahlenden Augen: »Rotenhan mein Name, wir sind Zimmernachbarn. Studieren auch Sie Jura? Herzlich willkommen in Erlangen!«

Platen schlug das Herz bis zum Hals, auch wenn er sich bemühte, ruhig zu wirken. Welch schöner junger Mann! Welch hübsches Gesicht, welch schlanke Gestalt! Rotenhan hatte sich längst wieder verabschiedet, als Platen noch mit unruhigen Schritten das Zimmer durchmaß. Sein Atem ging schneller. Nein, nein und nochmals nein! Keine Gefühle mehr, keine Verwicklungen! Nichts wird gehofft, geträumt, geschwärmt.

Doch Rotenhan hatte einen tieferen Eindruck bei Platen hinterlassen, als dieser sich einzugestehen bereit gewesen war. Ich habe kein Verlangen, ihm die Hand zu drücken oder ihn gar zu umarmen, redete er sich ein. Am Abend jedoch, als er einsam in seinem

Zimmer saß, hörte er unvermutet Musik erklingen. Zu Klavierakkorden sang eine junge weiche Männerstimme verträumte Lieder. Platen hielt inne und lauschte. Die Melodien berührten ihn. Gebannt hörte er zu, während alte Sehnsüchte in ihm aufstiegen.

Der Advent war gekommen, und mit der Länge der Nächte wuchs auch die Sehnsucht nach einem Freund. Rotenhan sah er nun häufiger. Eines Abends saßen sie eine lange Stunde traulich beieinander und erzählten sich die Geschichten ihrer Herkunft. Rotenhan stammte aus Rentweinsdorf bei Bamberg. Seine Eltern besaßen reiche Güter im Baunachgrund; finanzielle Sorgen, wie Platen, Sohn eines verarmten Adelssprosses, sie hatte, waren ihm fremd. Trotz seiner Wohlhabenheit sprach Rotenhan jedoch stets schlicht und einfach, ohne Allüren und Arroganz, was Platen gut gefiel. Vor dem Schlafengehen notierte er in sein Tagebuch: Sollte sich hieraus eine Freundschaft entwickeln, so wurde heute der Anfang dazu gemacht.

Am nächsten Tag brach Rotenhan zu einem Besuch bei seinen Eltern auf. Schon wenig später spürte Platen, wie er ihn vermisste. Wie vieles hatte Hermann, so lautete Rotenhans Vorname, doch Adrast voraus. Einzig eine nicht ungefährliche Anlage zur Sinnlichkeit, die Platen bisweilen festzustellen glaubte, bereitete ihm manch süßen Kummer. Eine schöne Seele in einem herrlichen Körper, welch glücklicher Anblick!

Anfang Januar traf Rotenhan wieder in Erlangen ein. Platen sah ihn mit bewegtem Herzen kommen. Er wusste, er musste einen Entschluss fassen. Am Abend des vierten Januar zog er sich in sein Zimmer zurück und dachte viel über sein Schicksal nach. Vor genau einem Jahr war es, als er nach monatelangem Bangen und der bittersüßen Zeit geheimen Schwärmens den ersten Schritt getan hatte, um das Herz von Adrast zu gewinnen. Schmerzlich verzog Platen das Gesicht. Nie wieder durfte sich dergleichen wiederholen. Und er beschloss, einen kalten, aber vernünftigen Schritt zu tun.

Das Beste würde sein, sich so bald wie möglich von Rotenhan

loszureißen. Platen kannte seine Schwächen. Wie rasch entzündete sich sein Herz beim Anblick eines Adonis. Das Einzige, was half, war, den Anblick des Freundes zu meiden. Schluss mit den Verwicklungen! Platen spürte, eine abermalige Aufopferung seines inneren Friedens würde er nicht ertragen. Und Platen begann, sein Verhalten zu ändern. Morgens in der Früh, wenn Rotenhan wie üblich an seine Tür klopfte, um mit ihm zusammen ins Kolleg zu gehen, begrüßte er ihn höchst einsilbig. Auch beim Überqueren des noch menschenleeren Schlossplatzes sprach Platen kein Wort. Es ging nicht anders, es war nur mit schneidender Kälte möglich.

Rotenhan war verstimmt und Platen spürte es. Und doch ist es besser so, redete sich Platen ein, besser für ihn und besser für mich. Doch trotz der erlittenen Demütigung suchte Rotenhan weiter Platens Nähe. Als Platen am nächsten Tag das Kollegium verließ, eilte ihm der Freund hinterher, aus Angst, ihn zu verpassen, so ungestüm, dass er an eine der Hörsaalbänke stieß, die mit lautem Knall umfiel. Dieser Anblick rührte Platen. Er konnte nicht umhin, ihm beim Aufheben der Bank zu helfen. Verwirrt sahen sich die beiden in die Augen. Begreife doch, schien Platen mit flehentlichem Blick zu sagen.

Das Wochenende verging, ohne dass sie sich sahen. Am Montagnachmittag klopfte Rotenhan erneut an Platens Tür, um sich ein Buch auszuleihen. Mit leiser Stimme fragte er Platen, ob er nicht Lust und Zeit habe, am Abend mit ihm die Wagner'schen Skripten durchzugehen. Platen schüttelte bedauernd den Kopf, er könne sie ihm aber gerne am Abend hinübertragen.

Es war eine milde Januarnacht, als Platen bei Rotenhan anklopfte. Eigentlich wollte er sich gleich wieder verabschieden, dann aber setzte er sich doch nieder. So kam es, dass sich zwischen den beiden jungen Studenten ein Gespräch über die Wagner'sche Philosophie entspann und Platen spürte, dass er das Unausgesprochene zwischen ihnen nicht länger schweigend übergehen durfte. Er begann, sein Herz zu erleichtern, von dem zu sprechen, was ihm in den letzten Wochen so viel Kummer bereitet hatte. Keine falsche

Rücksichtnahme sollte ihre Freundschaft künftig mehr trüben. Platen wurde mit einem Mal klar, wie falsch seine Versuche waren, die aufkeimende Freundschaft durch schroffe Nichtbeachtung zu zerstören. Platen erklärte sich und sprach von der Furcht, die ihn so quälte, die Furcht, dass sie nicht füreinander taugten.

Rotenhan war ergriffen. Er fasste nach der Hand seines Freundes, drückte sie fest und suchte mit warmen Worten, seine Bedenken zu zerstreuen. Die Nacht schritt voran, die Kerzen brannten langsam nieder. Immer vertrauter wurden sich die beiden. Platen saß schließlich auf Rotenhans Knien und hörte ihm zu. Anfangs widersprach er ihm noch dann und wann, doch seine Widerstände wurden immer sanfter. Mit Wohlgefallen betrachtete er die schmalen Finger Rotenhans. Das Gespräch ging um das Wesen der Freundschaft. Sie kamen dabei auch auf das andere Geschlecht zu sprechen, und Platen errötete, als er merkte, dass auch seinen Freund Frauen nicht zu kümmern schienen. Schließlich begleitete Rotenhan ihn noch auf sein Zimmer, um sein Nachtlicht anzuzünden. Ob Platen immer noch glaubte, dass sie nicht füreinander taugten?

»Ich hoffe, dass Sie sich in Ihrer Vermutung täuschen!«
»Ich wünsche es recht sehr!«, flüsterte Platen.

Mit dem angebrochenen Tag bereute Platen schon den gestrigen Abend. Sie waren sich zu nahe gekommen, gefährlich nahe. Und so ignorierte Platen erneut den Freund, wechselte keine Silbe mehr mit ihm. Seine Vorsätze hielten diesmal eine ganze Woche, dann fiel Platen ein neues Buch in die Hände, das ihn ganz in seinen Bann schlug. Es drängte ihn danach, seine überquellende Seele mitzuteilen – und er ging hinüber zu Rotenhan. Rotenhan saß gerade am Klavier. Sein Herz machte einen Sprung, als er Platen erblickte, der eine Woche nicht mit ihm gesprochen hatte. Vor Freude sang er für ihn sogleich Körners »Abschied vom Leben«.

Nun verbrachten sie viele Stunden in trauter Zweisamkeit und lasen sich gegenseitig vor. Der Ostwind wehte klirrenden Frost herbei, und die Weiher wurden mit festem Eis überzogen. Die Freunde liefen Schlittschuh, drehten sich dabei umeinander und jagten sich auf der spiegelnden Eisfläche. Auch gingen sie erstmals miteinander spazieren, ließen die Stadttore hinter sich und stapften hinaus auf die verschneiten Höhen. Auf einem einsamen Waldweg war es, als Platen dem Freund gestand, dass von all den Studenten er derjenige sei, der ihn am meisten anspräche, worauf dieser ihm tief ergriffen die Hand drückte.

Es waren schöne Stunden, die sie miteinander verbrachten. Sie erzählten sich viel, und schwiegen sie einmal auf ihren Spaziergängen, so war auch in ihrem Schweigen ein stilles Einverständnis. Dennoch spürte Platen bisweilen etwas Unheimliches dabei, ohne völlig Klarheit darüber zu gewinnen, woher dieses beklemmende Gefühl stammte. Ein Schatten lag weiter über ihrer Freundschaft, als wäre er des Freundes nicht würdig.

In die sich entwickelnde Nähe hinein teilte Rotenhan dem Freund mit, dass er auf Wunsch der Eltern nach Berlin gehen müsse. Platen fühlte, wie ihm schwindelig wurde. Und doch, zugleich war ihm, als würde eine drückende Last von ihm genommen. Leichter wurde ihm zumute. Nichts brachte er zu Papier in diesen Tagen, untrügliches Zeichen, dass er glücklich war. Inniger, fester noch knüpften sie das Freundschaftsband, da der Abschied beschlossene Sache war. Platen spürte, wie er all die Zeit nach Liebe gedürstet hatte, und Hermann, wie er den Freund jetzt nannte, gab sie ihm.

Auch kleinere Zwistigkeiten sollten die Freunde nun nicht mehr entzweien. Sie wollten die letzten gemeinsamen Tage genießen. Rotenhan bot Platen an, Brüderschaft zu trinken. Immer unerträglicher wurde Platen nun das juristische Studium, und er beschloss, künftig dem Trieb der Poesie zu folgen, um auf diesem Wege ein ganzer Mensch zu werden. Das vertrauliche Du jedoch, erregte in Platen bald schon die heftigsten sich widersprechenden Gefühle. Das empfindliche Gleichgewicht war erneut gestört. In einem kurzen Gedicht warnte Platen erneut den Freund:

Erforsche mein Geheimnis nie,
Du darfst es nicht ergründen,
Es sagte dir's die Sympathie,
Wenn wir uns ganz verstünden.

Platen überlegte, beschloss jedoch dann, die Verse Hermann besser nicht zu zeigen, sondern erneut mit ihm zu brechen. Jedes Mal, wenn sie beieinandersaßen und Rotenhan ihn mit dem süßen Du anredete, fühlte Platen eine verdächtige Hitze in sich aufsteigen. Drei Tage schwieg er beharrlicher als je zuvor. Doch wieder quälten ihn die Zweifel, ob dies der richtige Weg war. Platen suchte im Aberglauben Zuflucht, um eine Antwort zu erzwingen. Es war auf den Tag genau der vierte Monat ihres Kennenlernens und die Zahl vier hatte für Platen immer schon eine magische Bedeutung.

Angespannt saß er des Abends auf seinem Zimmer. Wenn Hermann nicht bis zur elften Stunde nach Hause käme, sollte es nie wieder eine Versöhnung geben. Ganz so schicksalhaft war dieses Vorgehen allerdings nicht, denn Rotenhan kam äußerst selten einmal später als um zehn Uhr zurück. Platen lauschte in die Dunkelheit. Nichts passierte. Zehn Uhr war längst vorbei, von Rotenhan keine Spur. Als der Zeiger auf halb elf stand, überlegte Platen, ob er die Schicksalsstunde nicht lieber auf Mitternacht verlegen sollte. Unruhe ergriff sein Herz. Nur noch zehn Minuten: Platen hielt alles für beendet. Bewegt kniete er nieder, die Hände zum Gebet gefaltet. Da, mit dem Schlag der Uhr hörte er den Freund kommen. Freudig erregt sprang er auf und eilte zu Rotenhan hinüber. Dieser, von Platens erneuter Verwandlung überrascht, sagte Platen, dass er es nicht länger ertragen könne. Platen sank vor ihm nieder und bat den Freund um Verzeihung. Sie umarmten sich und blieben diesen Abend noch lange beieinander.

Doch wie schon so oft ernüchterte Platen am nächsten Morgen wieder. Alte Zweifel und Ängste brachen erneut auf. Rasch verließ er das Haus, um auf einem Spaziergang Klarheit zu gewinnen und seine Gedanken zu ordnen. Nein, ihre Freundschaft war ein Irrweg und führte zwangsläufig in gefährliche Abgründe. Auf ewig musste geschieden werden! Am ganzen Körper bebend und mit zusammengepressten Fäusten klopfte er an Rotenhans Tür. Freudig, die Wärme des gestrigen Abends noch auf der Haut spürend, öffnete ihm Rotenhan und bot dem Freund die Hand zum Gruße. Platen aber legte abrupt die Hände auf den Rücken.

»Willst du mir nicht die Hand reichen?«, fragte Rotenhan, und eine bange Ahnung beschlich ihn.

»Nein«, erwiderte Platen mit erregtem Gesicht, »mein gestriger Schritt reut mich sehr, und ich muss ihn wieder zurücktun.«

Starr vor Erstaunen formte Rotenhan mit den Lippen ein Warum.

»Ich will nicht mehr mit Ihnen Umgang haben«, antwortete Platen mit unnatürlich hoher Stimme, worauf sich der Freund mit nassen Augen von ihm abwandte, ein letztes »Es ist gut!« schluchzend.

Natürlich versöhnten sie sich bald wieder. Rotenhans Abreise rückte näher. Oft spielte er Platen jetzt auf dem Klavier vor. Platen saß auf dem Sofa und betrachtete den Freund, dessen ausdrucksstarkes Profil ihm im Kerzenschein besonders gut gefiel. Rotenhan lächelte ihn an und versprach ihm einen Schattenriss. Lange blieben sie in dieser Nacht zusammen, und Platen las einige seiner Gedichte vor, auch das jüngst entstandene »Grab im Busento«. In wundersamer Stimmung trennten sich die beiden zur vorgerückter Stunde.

So vergingen die Tage, ihr letzter Abend war gekommen. Müde geworden, konnten die Freunde nicht voneinander lassen. So schliefen sie schließlich in einem Bett miteinander ein, eng umschlungen, sodass jeder den Atem des anderen spürte. Am nächsten Morgen nahmen sie Abschied. Ein jeder nahm noch seinen Stock zur Hand, Platen schnitt ein A hinein, Rotenhan sein H. Dann tauschten sie die Stöcke, strichen liebevoll über die Initialen des Freundes und wünschten sich Lebewohl. Platen begleitete

Rotenhan noch bis Bamberg, ein letzter Händedruck, eine letzte Umarmung, dann stieg Rotenhan in seine Kutsche und fuhr davon, dem weinenden Freunde noch lange winkend.

WIE SICH E. T. A. HOFFMANN IN SEINE GESANGSSCHÜLERIN VERLIEBTE

♡

Was für ein verfluchter – was für ein selig schöner Tag war jener Novembertag im Jahr 1808! Wenn er diesen Tag aus seinem Leben hätte streichen können, ob er es dennoch getan hätte?

Die verwitwete Konsulin Mark hatte ihn eingeladen, ihren beiden Töchtern Gesangsunterricht zu erteilen. Um die Stimmen höherer Töchter auszubilden, war er eigentlich nicht nach Bamberg gezogen. Aber nach dem unerfreulichen Debüt am Bamberger Theater, dieser hinterhältigen Intrige, bei der die Musiker so hundsgemein schräg gespielt hatten, hatte er die Orchesterleitung niederlegen müssen und war als verheirateter Mann von 32 Jahren auf Einkünfte anderer Art angewiesen. Also war er der Einladung gefolgt und hatte die Konsulin in ihrem stattlichen Haus aufgesucht. Nie würde er vergessen, wie Julia so frisch und unbekümmert hinter ihrer Schwester Wilhelmine hergesprungen war und ihm mit glänzenden Augen und ohne jede Befangenheit die Hand gereicht hatte. Gerade 13 Jahre war sie damals, ein Kind noch, aber von einer seltenen Anmut und Schönheit. Ein solches Geschöpf war ihm nie zuvor begegnet, ein Engel mit blonden Locken und dunklen Wimpern, die ihre blauen Augen noch heller strahlen ließen. Er hatte nicht lange überlegen müssen. Ohne um den Lohn zu feilschen, hatte er das Angebot der Konsulin freudig angenommen.

Jede Woche kam er nun ins Haus, und zu seiner Freude bemerkte er, dass Julia durchaus Talent besaß. Zwar war ihre Kinderstimme noch nicht an den Gesang gewöhnt, aber die Frische und Reinheit, mit der sie sang, verzauberten ihn ganz und gar. Selten hatte er sich bei Musikstunden so belebt gefühlt. Er spürte, wie aller Verdruss von ihm wich und wie die lang vermisste jugendliche Freude wieder in ihm aufstieg. Singend kam er nun oft nach Hause, und seine Frau Mischa bemerkte bald seine veränderte Stimmungslage. Misstrauisch sah sie ihn an, sagte aber nichts. Er selbst, der sonst so viel über sich zu reflektieren pflegte, schien nicht wahrzunehmen, was mit ihm geschah. War ihm denn nicht klar, dass er dabei war, sich verhängnisvoll zu verlieben? Alle Gedanken daran drängte er zurück. Er war glücklich und wollte keinen Zweifel spüren, wollte die Stunden mit Julia unbeschwert genießen. Er hatte nur einen Wunsch, und der war, Julias Nähe zu spüren.

Frau Konsulin machte sich ebenfalls keine Gedanken. Warum auch? Julia gefielen die Gesangsstunden, und sie erzielte hübsche Fortschritte. Vielleicht würde ja aus ihr einmal eine gefeierte Sängerin werden. Die lebhafte Anteilnahme des Lehrers erklärte sich die Witwe durch seine Künstlernatur, die sich an dem Talent seiner Schülerin entzündete. Nein, es gab keinen Grund zur Sorge. Schließlich war Hoffmann ein zwanzig Jahre älterer verheirateter Mann, in den sich ein junges Mädchen kaum verlieben würde. Überaus klein gewachsen war er und von krummer Gestalt, der auffallend große Kopf mit dem roten Backenbart schien direkt den Schultern zu entspringen, ein Hals im eigentlichen Sinne war nicht zu erkennen. Trotz seiner Kleinheit aber war Hoffmann etwas Energisches eigen. Diesen Eindruck verstärkten sein vorspringendes Kinn und der schmal geschnittene Mund. Hoffmann selbst litt unter seinem Körper, ja, es gab Momente, da hasste er ihn geradezu. Von Jugend auf hatte er seinen Buckel als Last empfunden. Auch an die neugierigen Blicke der Kinder konnte er sich nicht gewöhnen. Selbst wenn sie ihm hier in Bamberg – wohlerzogen, wie die meisten waren – keine Spottverse hinterherriefen, so merkte er doch, wie sich Angst oder Schadenfreude in ihren Gesichtern widerspiegelte.

Wie anders Julia! Stets empfing sie ihn wie einen alten Freund, lächelnd und mit großer Herzlichkeit. Langsam begann er sich zu trauen, den ein oder anderen musikalischen Scherz mit ihr zu treiben, denn ihr Lachen klang ihm fast noch schöner als ihr Gesang. Immer öfter geschah es, dass er, angesteckt von ihrer Fröhlichkeit, selbst hüstelnd mit einfiel. Was gibt es Schöneres, als gemeinsam zu lachen? Waren es anfangs noch die klassischen Kinderlieder, die sie miteinander einstudierten, ging Hoffmann bald dazu über, Texte zu wählen, die für ein 13-jähriges Mädchen nicht ganz passend erschienen, Liebeslieder, Lieder voller Leidenschaft. Julia aber ließ sich nichts anmerken und sang sie mit der gleichen Unbefangenheit.

Die Konsulin stand nun häufiger hinter der Tür und lauschte. Schön klang das, kein Zweifel, aber war das die richtige musikalische Kost für ein heranwachsendes Kind? Schnell beruhigte sich die Mutter jedoch wieder. Steckte nicht auch etwas Gutes darin, die Sinnlichkeit ihrer Tochter durch die Musik zu fördern? Schließlich sollte sie in zwei Jahren schon verheiratet werden, der Bräutigam stand bereits fest. Wie doch die Zeit verging! Der Schlussakkord erklang. Rasch trat die Mutter von der Tür zurück.

Es war im Anschluss an eine Musikstunde, als sich E. T. A. Hoffmann seine Liebe zum ersten Mal eingestand. Julia hatte ein neues Kleid getragen, eines jener Kleider, wie sie nun modern waren. Die Schultern blieben frei, und der Stoff war so geschnitten, dass die Figur betont wurde. Hoffmann war hinter seine Schülerin getreten, um ihr ein Notenblatt zu reichen, als er den Ausschnitt des Kleides bemerkte. Heiß war ihm die Röte ins Gesicht gestiegen. Wenn auch nur zart und ansatzweise, war doch nicht zu übersehen, dass Julia zur Frau heranreifte. Rasch war er zurückgetreten und hatte das Glas Wasser geleert, um dann umständlich in der Notensammlung zu blättern. Wie hatte er sich über seine Nervosität geärgert, größer aber noch war seine Freude darüber, was mit ihm passierte. Er hatte sich verliebt! Verliebt? Ach was, er liebte sie, liebte Julia. In wunderlich vergnügter Stimmung war er nach Hause gelaufen, hatte gleich sein Tagebuch hervorgezogen und was ihn bewegte mit vor

Erregung zitternder Hand notiert, drei Wörter nur: »Julia, Julia, Julia!« – Als jedoch sein Blick durch das Fenster fiel und er seine Frau Mischa vom Markt kommen sah, überfiel ihn ein Schrecken. Was, wenn Mischa heimlich in seinen Tagebüchern blätterte? Sie neigte zur Eifersucht. Hatte er sie nicht schon einmal beim Schnüffeln erwischt? Rasch riss Hoffmann das frisch beschriebene Blatt heraus und warf es in den Ofen. Weiß und unauffällig lag das Tagebuch nun wieder vor ihm. Was sollte er nur schreiben? Ein Kürzel musste her, ein Pseudonym für Julia. Welcher Name aber war ihrer würdig? Fieberhaft überlegte er, dann griff er erneut zur Feder und notierte: »Käthchen, Käthchen, Käthchen!« Das Käthchen von Heilbronn! Erst letztes Jahr hatten sie Kleists ergreifendes Drama in Bamberg aufgeführt. So wie Käthchen, so war auch Julia, liebreizend und mutig zugleich. Still und glücklich betrachtet er die drei Zauberworte. Plötzlich jedoch kamen ihm neue Zweifel. Ob Mischa nicht auch beim Namen Käthchen Verdacht schöpfen würde? Sie konnte ja so misstrauisch sein. Wieder riss er das Blatt heraus und warf es in die Flammen, nahm die Feder in die feuchte Hand und notierte: »Ktch, Ktch, Ktch!« Das konnte keinen Verdacht erwecken. Erleichtert schloss er das Tagebuch wieder.

Bei der nächsten Gesangsstunde fühlte er sich ungewohnt befangen, zum Glück aber schien Julia die Veränderung in seinem Wesen nicht wahrzunehmen, sodass er bald wieder zu seiner alten Ungezwungenheit zurückfand. Heute wollte sie an ihrer Atemtechnik arbeiten. »Mehr aus dem Bauch heraus singen«, ermunterte er sie, und um ihr die Vorstellung davon zu erleichtern, trat er hinter sie und legte seine Hand auf ihren Bauch. Schwindelig wurde ihm dabei, und als er das Haus der Konsulin verließ, merkte er, wie sich sein Blut erhitzt hatte. Was passierte da nur mit ihm? Daheim schlug er gleich sein Tagebuch auf und schrieb: »Diese romantische Stimmung greift immer mehr um sich, und ich fürchte, es wird Unheil daraus entstehen!« Mischa hatte er wirklich gerne, und nichts lag ihm ferner, als seine Frau zu kränken. Aber niemals hatte er bei ihr verspürt, was Julia in ihm hervorrief. Die Heftigkeit des

Affekts erschreckte ihn. Wohin sollte das führen? Seine Liebe hatte doch keine Zukunft. Er war verheiratet, er durfte das junge, so unschuldige Mädchen nicht in eine solch verdrehte Leidenschaft stürzen. Er war der Ältere, er musste sie davor schützen. Schluss mit den Musikstunden und zwar sofort! Gleich morgen würde er der Konsulin schreiben.

Der Morgen kam, und er schrieb den Brief nicht. Auch am nächsten Tag dachte er nicht daran und auch später nicht. Stattdessen holte er sein Tagebuch hervor und notierte: »Ktch, in ihr leben und sind wir …«, wegen Mischa setzte er vorsichtshalber hinzu: »… der Kunst verbunden.« Nein, er konnte nicht mehr ohne Julia leben. Er würde es nicht ertragen, sie nicht mehr sehen zu können, und wenn es auch nur diese eine Stunde in der Woche war. Von dieser Stunde zehrte er, für sie nur lebte er. Hoffmann spürte, wie der Liebeswahn von ihm Besitz ergriff. Was er auch tat, alles drohte in der Katastrophe zu enden. Unwillkürlich fiel ihm Kleist ein, und ein Schrecken durchzuckte ihn. Kleist hatte Mut bewiesen, er war den richtigen Weg gegangen, den einzig möglichen. Wenn uns das Leben nicht unsere Sehnsüchte erfüllen kann, was bleibt dann anderes als der Tod?

Zum Glück verschwanden diese trüben Fantasien wieder, und Hoffmann beschloss, die Gegenwart zu genießen und nicht weiter an die Zukunft zu denken. Unbeschwerter war ihm bald wieder zumute. Fröhlich gestimmt ging er zu einer Abendgesellschaft, als ihn die Nachricht wie eine Keule traf: Julia war versprochen! Ihre Zukunft war beschlossene Sache. Einen Ehemann hatte man für sie ausgesucht, irgendeinen reichen Hamburger Gecken. Kaufmann sollte er sein, was auch sonst, wenn er aus Hamburg stammte? Für Kunst, für Poesie und Musik jedenfalls dürfte er nicht das geringste Interesse haben. Das konnte, das durfte nicht wahr sein! Dumpf, wie betäubt verabschiedete sich Hoffmann von den Freunden und ging über den Domplatz nach Hause. Wild wirbelten die widersprüchlichsten Gedanken durch seinen Kopf. Wie hatte er nur annehmen können, dass Julia auf ewig das Mädchen bleiben würde, das sie war? Natürlich würde sie eines Tages einen Mann kennenlernen und diesen auch heiraten, eines Tages, in Ordnung, aber doch nicht so bald! Man sprach von einem Jahr. Julia war doch gerade erst 15 geworden, was sollte die Eile? Bestimmt steckte die Mutter dahinter. Als Witwe wollte sie ihre Töchter in sicheren Händen wissen. – Sichere Hände! Bei diesem Gedanken schüttelte es Hoffmann. Ein Hamburger Pfeffersack! Was verstand der denn von Liebe? Julias Lebensglück schien der Konsulin egal. Hoffmann beschloss, einen Umweg zu machen, bis er sich beruhigt hätte, und schlug den Weg entlang der Regnitz ein. Eine Hoffnung blieb noch. Wenn Julia ihr Zukünftiger nicht gefiele, würde man sie schwerlich zur Ehe zwingen. Nächste Woche sollte der Herr Bräutigam nach Bamberg kommen, falls ihm nicht zuvor ein Kaffeesack platzte.

Der Bräutigam kam, und er gefiel Julia recht gut. Als Hoffmann davon erfuhr, war er außer sich. Er lernte Graepel – so hieß der Hamburger – auf einer Gesellschaft kennen. Welch eitler, oberflächlicher Fatzke, welch unerträglicher Schwätzer! Meinte er etwa, sein hanseatischer Sprachfehler klänge vornehm? Dieses S-tolpern über S-pitze S-teine, lächerlich! Wie konnte Julia diesen Kerl nur anlächeln? Zugleich jedoch nahm Hoffmann seine Schülerin in Schutz. Sie war doch noch so unerfahren, hielt das geckenhafte Auftreten Graepels sicher für Weltgewandtheit. Wie der Typ mit seinen Jagdabenteuern zu renommieren wusste! Und sie sah ihn dabei auch noch bewundernd an, hielt die Aufschneiderei für Männlichkeit. Hoffmann seufzte still. Männlichkeit. Das war es wohl, was junge Frauen bei einem Mann suchten. Da war Julia nicht anders. Was war er selbst schon? Ein Künstler nur, ein verkrüppelter noch dazu, nur für Gesangsstunden tauglich. Noch aber war es nicht zu spät, noch würde er nicht aufgeben. Und Hoffmann beschloss, den Kampf aufzunehmen.

Gleich am nächsten Morgen besuchte er seinen Freund, den Weinhändler Kunz, der so gerne zur Jagd ging. »Was, du willst jagen?«, lachte dieser, und Hoffmann erwiderte spitz, was daran so komisch sei. Tags darauf zogen sie in aller Frühe los. Mit der Kutsche fuhren sie Richtung Strullendorf. Sie hatten Glück. Nur einen Steinwurf weit entfernt standen zwei Hirsche. Was für ein prächtiges Geweih der größere trug! Der musste es sein. Was würde Julia für Augen machen, wenn er mit dieser Trophäe heimkäme! Endlich donnerte Hoffmanns Büchse. Ein Eichenstamm hinter dem Hirsch splitterte. Zeitgleich aber hatte der Weinhändler abgedrückt, und der kleinere der beiden Hirsche sackte in die Knie. »Getroffen!«, jubelte Hoffmann und lief auf das Tier zu. Der Freund ließ ihn in dem Glauben, der Schütze gewesen zu sein.

Auf Wunsch Hoffmanns nahmen sie den Weg am Haus der Konsulin vorbei, den toten Hirsch sichtbar auf der Ladefläche. Julia kam herausgelaufen. Wer aber folgte ihr auf dem Fuße? Graepel, der gerade auf einen Kaffee vorbeigekommen war. Auch er gratulierte, auf gönnerhafte Art natürlich, und begann sogleich von drei Hirschen zu erzählen, die er erst letzte Woche im Alten Land zur Strecke gebracht hätte. Ganz allein, wie er betonte, denn ein echter Jäger gehe immer allein auf Pirsch. Hoffmann kochte, als sie weiterfuhren. »Den werde ich auch noch zur S-trecke bringen, dieses ausgemergelte Menschenmodell, diesen Gimpel. Die Imbezillität seines Geistes leuchtet doch aus jedem seiner Worte.« Der Freund tröstete: »Mach dir nichts draus, Hoffmann, bald wird er wieder aus Bamberg verschwunden sein.« Doch Hoffmann beruhigte das keineswegs. Im Gegenteil. Vielleicht nahm Graepel Julia gleich mit?

Dann kam die Einladung nach Pommersfelden. Julia selbst hatte ihn angesprochen.

»Sie müssen kommen, keine Widerrede, ohne Sie wird uns der Ausflug keine Freude machen.«

Hoffmann hatte sie ungläubig angestarrt. »Uns? Uns keine Freude machen?«

»Ja, meinem Verlobten und mir.«

Schwindelig war es Hoffmann bei diesen Worten geworden, die Welt begann sich zu drehen. Meinem Verlobten und mir, hatte sie gesagt, ihm einfach so ins Gesicht. Er wusste nicht mehr, wie und warum ihm das »Gewiss, ich komme« entwichen war, überstürzt hatte er sich verabschiedet.

Es wäre noch genug Zeit geblieben, die Zusage wieder zurückzuziehen. Wie durch einen geheimen Zauber gebannt aber blieb Hoffmann bei seinem Ja und stieg am Sonntag in die Kutsche seines Freundes, des Weinhändlers Kunz. Es war ein freundlicher Septembertag, die Wälder begannen sich schon zu verfärben. Die Fahrt dauerte nicht lang, bald hatten sie Pommersfelden erreicht. Das Schloss lag prächtig da, und seine Sandsteinfassade leuchtete in der Spätsommersonne. An die zwanzig Gäste waren gekommen. Die Stimmung war fröhlich, und sie speisten gut an der reichlich gedeckten Tafel. Ein vorzüglicher Volkacher Wein wurde gereicht, man brachte Trinksprüche zu Ehren des jungen Paares aus, und Graepel bedankte sich. Er versicherte, dass es, abgesehen natürlich von Hamburg und verschiedenen Orten, die er auf seinen ausgedehnten Reisen kennengelernt hatte, nirgendwo schöner sein könne als hier in Franken, und hob sein Glas. Überhaupt trank er gern und viel, und auch Hoffmann trank, wenngleich aus gänzlich anderen Motiven. Während Graepel aufdrehte und Julia schon mal fest um die Taille griff, spürte Hoffmann, wie seine Laune immer feindseliger wurde. Um ihn abzulenken, schenkte ihm sein Freund Kunz reichlich von dem Weißen nach.

Endlich war das Essen beendet, und man beschloss, noch einen Gang durch den Schlossgarten zu machen. Mit sichtbarer Anstrengung erhob sich Graepel und bot seiner Verlobten den Arm, um die Gesellschaft anzuführen. Hoffmann und sein Freund folgten ihnen, dahinter ging die Konsulin. Der Wein aber war Graepel kräftig zu Kopfe gestiegen, sodass er schwankte und sich nur mühsam auf den Beinen halten konnte. Nicht er stützte seine Braut, sondern Julia stützte ihn. Zugleich versuchte Graepel, sie zu küssen, und bedrängte sie auf solch zudringliche Weise, dass auch Julia zu stolpern begann. Hoffmann, dies unwürdige Schauspiel mit zunehmendem Abscheu beobachtend, ballte die Hände vor Zorn. Als sie das Wasserspiel erreichten, geschah es, dass Graepel erneut Julias

Wangen küssen wollte, dabei ins Stolpern geriet und seine untergehakte Braut mit sich riss. In diesem Augenblick lief Hoffmann hinzu, wutschnaubend, und fing seine Julia auf, während Graepel der Länge nach auf den Kiesweg stürzte. Nun konnte sich Hoffmann nicht mehr beherrschen. Hoch erregt rief er: »Da liegt er, der verfluchte Kerl! Wir haben doch genauso getrunken wie er, aber uns passiert so was nicht. Das kann nur einem gemeinen, prosaischen Menschen passieren!«

Alles erschrak bei diesen Worten und schaute zu dem bebenden Dichter. Julia aber warf ihm einen entsetzten Blick zu, riss sich los und half ihrem gestürzten Bräutigam auf, während ihre Mutter, die Konsulin, Hoffmann mit den schlimmsten Vorwürfen überschüttete. Was er sich erlaube! In welchem Ton er rede! Nie wieder dürfe er ihr Haus betreten!

Niedergeschmettert vergrub Hoffmann sein Gesicht in den Händen. Die Vorwürfe der Mutter hörte er kaum. Der Blick seiner Julia war es gewesen, der ihn ins Herz getroffen hatte. Welche Abneigung, ja welche Verachtung hatte darin gelegen. Wie hatte er sich nur einbilden können, Julia würde seine Gefühle erwidern. Was für ein Narr war er nur gewesen! Er drehte sich um und ging schweigend davon.

Wohnhaus von Amaryllis und ihrer Familie in Specke

AMARYLLIS, EIN SOMMER AUF DEM LANDE

♡

Juni 1812. Ein junger Mann spaziert von Ebern kommend durch den Baunachgrund. Seine Stirn ist ziemlich finster. Mit Wanderungen vertreibt er sich die Zeit. Was soll er auch machen, daheim bei seinen Eltern, ohne festen Plan und festes Ziel? 24 Jahre ist er alt, hat sein Studium abgeschlossen und seine Doktorarbeit erfolgreich verteidigt. Er könnte es zum Hochschullehrer bringen, zum Professor der Philologie, bestimmt aber zum Lehrer an einer höheren Schule. Was aber soll er mit einem Brotberuf? Was soll er sich mit Schülern und Studenten herumärgern? Sein Traum ist ein anderer. Er will ein freier Dichter werden, da darf er sich keine Fesseln anlegen lassen. So ist er wieder bei seinen Eltern untergeschlüpft, in Ebern, einem kleinen Städtchen bei Bamberg, in dem sein Vater als Amtmann tätig ist. Was sich der Vater wohl denkt, wenn sein Sohn von seinen Zukunftsplänen erzählt? Gedichte schreiben! Das ist doch kein Beruf, davon kann man doch nicht leben. Was hat sein Filius schon vorzuweisen? Kaum etwas hat er bislang veröffentlicht, und nun glaubt er, dass ein zweiter Goethe in ihm steckt.

Ob es an der unzufriedenen Miene des Vaters lag, dass Friedrich Rückert auch heute wieder gleich in der Früh das Haus verlassen hat? Der eigentliche Grund liegt wohl tiefer. Beim Wandern in der freien Natur kommen ihm die besten Ideen für seine Gedichte und Dramen. Auf einer einsamen Waldwiese liegend oder am Ufer eines plätschernden Baches, gehen ihm neue Verse durch den Kopf. Und doch fehlt noch etwas Entscheidendes, das spürt Rückert nur zu genau. Die Seele des jungen Mannes dürstet nicht nach Poesie allein. Gedichte, echte Gedichte, entstehen doch nur, wenn das Herz jubelt oder leidet, wenn das Feuer der Verliebtheit lodert.

In einer solchen Stimmung ist Rückert, als er durch den sommerlichen Baunachgrund wandert, wie immer in Gedanken versunken, die sich ihm zu Versen zusammenfügen. Plötzlich jedoch lenkt ihn etwas ab. Im flirrenden Licht, das die hohen Buchen auf den Weg werfen, kommt ihm ein Mädchen entgegen, eine junge Frau, in der Hand ein Körbchen mit wilden Erdbeeren. Überrascht spricht Rückert sie an. Ob er diese Stunde preisen oder verfluchen wird? Wie auch immer, sie wird ihn so schnell nicht mehr loslassen.

Maria Elisabeth heißt das Mädchen, von allen wird sie Marielies genannt. 16 Jahre ist sie, ist die Tochter von Johann Georg Geuß, dem Wirt *Zur Specke*, einem traditionsreichen Landgasthof mit angeschlossenem Bauernhof im kleinen Weiler Eyrichshof, der ansonsten nur ein verfallenes Rokokoschlösschen aufzuweisen hat. Was genau Rückert an Marielies gefällt? Wir erfahren es nicht. Im Gegenteil. Selten hat ein verliebter junger Mann so böse über sein Mädchen geredet, kein gutes Haar hat er an ihr gelassen. Nicht mal über ihr Äußeres findet er lobende Worte. Warum nur verliebt er sich in sie, bis über beide Ohren, ja bis fast zum Ertrinken?

Die Quellen sind dürftig. Was genau sich zugetragen hat, wie diese seltsame Liebesgeschichte verlaufen ist, erfahren wir nur aus wenigen Briefen, keine Liebesbriefe an Marielies – Gott bewahre! – sondern Klagebriefe an einen guten Freund. Die wichtigste Quelle aber sind Rückerts Gedichte aus diesem Sommer, seine frustrierten Klagelieder. Bis zum Winter wachsen sie zu einem stolzen Gedichtzyklus an, siebzig Sonette sind es am Ende. Als er die Sammlung viele Jahre später veröffentlicht, gibt er ihr den Titel: *Amaryllis – ein Sommer auf dem Lande.*

Doch zurück in den Sommer 1812, zurück in den Baunachgrund. Jeden Tag wandert Rückert nun hinaus, hin zur *Specke*, dem schmucken Gasthof mit den rosenblassen Wänden und den grünen

Läden. Er schmachtet Marielies nicht heimlich aus der Ferne an, das ist nicht seine Art. Er ist verliebt und sucht ihre Nähe. Ist das nicht normal, wenn das Herz Purzelbäume schlägt? Normal ist es wohl auch, dass sich ein 16-jähriges Mädchen zunächst ein wenig ziert, sich ihrem Verehrer freundlich zuwendet, um ihm gleich darauf die kalte Schulter zu zeigen. Das gehört zum Spiel, das weiß Rückert, auch wenn er noch keine großen Erfahrungen in der Liebe gesammelt hat. Zum Spiel gehört auch, dass man es nur spielen darf, wenn man feste Absichten hat. So ist das in jener Zeit. Ein Mädchen hat seine Ehre; um es werben darf nur, wer es heiraten will. Das gehört zusammen, jedenfalls für einen Mann wie Friedrich Rückert. Ganz oder gar nicht. Es gibt kein Dazwischen, keine Ehe auf Probe. So sind die Regeln, und Rückert akzeptiert sie freudig. Ach, von einer Nacht mit ihr wagt er kaum zu träumen! Er wäre schon mit einem Lächeln zufrieden, mit einem stillen Spaziergang zu zweit, mit etwas mehr als einem flüchtigen Kuss. Warum stellt sich Marielies so an? Was hat sie gegen ihn? Warum macht sie es ihm so schwer? Ärgerlich sucht er einen neuen Namen für sie, einen treffenderen:

Amara, bittere, was du tust, ist bitter,
Wie du die Füßet rührst, wie du die Arme lenkest,
Wie du die Augen hebst, wie du sie senkest,
Die Lippen auftust oder zu, ist's bitter.

Ein jeder Gruß ist, den du schenkest, bitter,
Bitter ein jeder Kuss, den du nicht schenkest;
Bitter ist, was du sprichst und was du denkest,
Und was du hast und was du bist, ist bitter.

Voraus kommt eine Bitterkeit gegangen,
Zwo Bitterkeiten gehn dir zu den Seiten,
Und eine folgt den Spuren deiner Füße.

O du mit Bitterkeiten rings umfangen,
Wer dächte, dass mit all den Bitterkeiten
Du doch mir bist im innern Kern so süße.

Amara nennt er sie, die Bittere, etwas netter Amaryllis, ein Spiel mit ihrem Namen Marielies. Amaryllis scheint ihm besonders gut zu passen, es ist der Name einer Schäferin aus den Hirtendichtungen des verehrten Vergils. Der große Botaniker und Systematiker Carl von Linné übertrug den Namen auf die hübsche Narzissenlilie, weil sie dem Charakter der Schäferin glich, anmutig und stolz zugleich. War so nicht auch der Charakter von Marielies, anmutig, vor allem aber verdammt stolz? Wie viel Zeit er damit verschwendet, ihr näher zu kommen, mehr zu erhalten als einen flüchtigen Kuss!

Wenn all die Schar von Monden, Wochen, Tagen,
Stund', Augenblick', Minuten und Sekunde,
Die mir durch dich verschmachteten als Wunde,
Die mir durch dich verjammerten als Klagen:

Wenn alle sie aus ihren Sarkophagen
Erstünden und sich stellten in die Runde
Um dich, und hüben an aus einem Munde,
als Mörderin dich zu verklagen:

»Wir alle waren einst zur Lust geboren,
berechtigt, unser Dasein zu genießen;
Durch dich ging Dasein uns und Lust verloren!«

Wenn so sich all die Stimmen hören ließen,
Wer weiß, ob du dann würdest noch die Ohren
Vor ihnen wie vor meiner einen schließen.

Mit Neid sieht Rückert, wie Marielies ein Kätzchen bereitwillig auf ihren Schoß hüpfen lässt und hingebungsvoll mit ihm zu schmusen beginnt. Vielleicht stelle ich es falsch an, denkt er sich, vielleicht bin ich ihr zu brav. Vielleicht mag sie es lieber, wenn ich mit den Tricks der Katzen arbeite, wenn ich nicht nur schnurre, sondern zugleich die Krallen ausfahre »mit scharfer Tatz' und kratze«.

Die Katzenfreundin gönnt dir dann ein Plätzchen
Auf ihrem Schoß, um, wo nicht dich zu streicheln,
Doch mindestens mit Bosheit dich zu reiben.

Ob sie einfach nur arrogant und eingebildet ist? Ob sie glaubt, die Schönste weit und breit zu sein, gemütlich warten zu können, bis ein Prinz auf seinem Pferd geritten kommt, um sie in sein Schloss zu holen? Solche Flausen will er ihr gründlich austreiben!

Du bist nicht schön, kann ich dir redlich sagen,
Du bist nicht schön, ob rot gleich ist die Wange
Und blau das Aug' und braun das Haar, das lange,
Viel Schön're sah ich schon in meinen Tagen.

Uff! Spricht so ein Jungverliebter zu seiner Angebeteten? Und wenn es nicht ihre Schönheit ist, was ist es dann, was reizt ihn an ihr?

Dein Trotz ist es, dein starrer Sinn und steifer,
Rau, dornig, wild, verhöhnend die Bezwinger,
Wie Wälder von – du kennst es nicht – Hyrkanien.

Diese kleine Gemeinheit muss er sich erlauben in seinem Groll, seinem Zorn. »Du kennst es nicht, du ungebildetes Landei!« Hyrkanien, die antike Landschaft am Kaspischen Meer, im heutigen Iran gelegen, damit kennt er sich aus, der Herr Doktor. Endlich erhebt er sich einmal über sie, zumindest was das Wissen angeht. Es ist ja auch furchtbar, sich ständig als der unterlegene Bittsteller vorzukommen, da geht das ganze Selbstbewusstsein flöten. Wenn aber nur ihr Trotz das Band ist, das ihn an sie fesselt, so könnte sie ihn doch ganz einfach loswerden, ruft er ihr listig zu. Einfach mal nicht trotzig sein!

Sag' nur dem Aug' einmal, dass sanft es blicke,
Lass deinen Mund einmal nur sanft mich nennen,
Der Lippen Kuss nur einmal sanft mir brennen,
So fällt das Band von selbst mir vom Genicke.

Die Wirklichkeit aber bleibt rau. Amaryllis lässt ihn weiter zappeln, behandelt ihn wie all die anderen Gäste, die Bauern, Mühlenarbeiter und Tagelöhner, mit professioneller Freundlichkeit. Nur selten schenkt sie ihm ein neckisches Lächeln. Um ihr näher zu sein, bezieht Rückert sogar ein Zimmer unter ihrem Dach, eines der wenigen Fremdenzimmer, die ihr Vater an Durchreisende vermietet. Das Zimmer befindet sich im ersten Stock, genau über ihrer Kammer. »Schlief ich neulich in der Liebsten Haus«, schreibt er, »aber freilich nicht in ihrer Kammer, sondern in der Gaststub obendrüber, oben ich, sie unten, und dazwischen eine kalte, starre Stubendecke.« Angeheizt hat Marielies seine Hoffnungen, indem sie ihm versprach, jede Nacht um Schlag zehn an ihn zu denken, wenn er ihr dasselbe versprechen würde, was er natürlich eifrig und mit leuchtenden Augen tat. Außerdem hofft Rückert, seine Liebste möge sich ihm in seinen Träumen nähern, alle Scheu und allen Trotz abwerfen und ihm im Schlaf manch süße Stunde schenken. Doch diese Hoffnung erfüllt sich nicht. Alles Mögliche träumt er, nur nicht von ihr. Wenn er morgens erwacht und sich die Augen reibt, wirft er ihr vor, den Traumgott bestochen zu haben:

Dass, so wie du dich wachend mir versagest,
Er dich mir auch versagen muss im Schlafe,
Mir nie dein süßes Antlitz lässt erscheinen.

Rückert sucht nach Erklärungen. Was hat Amaryllis so stumpf gemacht, so unempfänglich für sein Werben? Ob es ihr Leben als

Wirtstochter und Bäuerin ist? Wird man dann so? Wenn man ständig auf dem Feld arbeiten muss, Wind und Wetter ausgesetzt, spürt man dann den zarten Seufzer eines jungen Verehrers nicht mehr? Wenn die Hand das raue Leinenzeug des Wirtshauses gewohnt ist, wird sie dann unempfindlich für eine liebende Hand? Wenn man gar das Messer zum Töten zückt …

So manches Täubchen hast du sonder Leide
Schon abgewürgt, dass du nun mit Ergötzen
Mein Taubengirren hörst, ohn' es zu fühlen;

So manches Hälmchen mit der Sichel Schneide
Gemähet schon, dass du auch ohn' Entsetzen
Den Stahl des Todes in mein Herz kannst wühlen.

So ist das Leben eines Mädchens auf dem Lande nun mal, da muss man auch beherzt zu Messer und Sichel greifen. Dennoch aber kann es sich verlieben. Langsam scheint Rückert selbst zu spüren, dass seine Argumente am Eigentlichen vorbeigehen. Vielleicht ist alles viel simpler, vielleicht ist er einfach nicht ihr Typ?

Der Winter ist gekommen. Der Docht der Liebeslampe ist erloschen. Rückerts Entscheidung naht, es ist Zeit, höchste Zeit. Rückert ist klar, dass er auf keine Hilfe hoffen darf. Es ist allein an ihm, Abschied zu nehmen. Abschied nehmen, was für eine schwierige Kunst. Sich wie ein Dieb in der Nacht davonstehlen, das will Rückert nicht. Als er nicht einschlafen kann und nächtens im Fremdenzimmer lange an seinem Tischchen sitzt, blättert er noch einmal die Verse durch, die seit dem Sommer entstanden sind. Falls er sich jedoch durch die Lektüre der Sonette den Abschied erleichtern will, hat er sich getäuscht. All die Klagen, die er gegen Marielies vorbringt, überliest er, all den Spott, all den Kummer. Aus allen seinen Versen spricht doch nur eines: die Liebe, die er für sein Mädchen empfunden hat, die er weiter empfindet. Weicher wird er, versöhnlicher:

Ich weiß nicht, ob du etwas mir gegeben;
Doch dass ich etwas mir von dir genommen,
Das weiß ich und will dir auch dafür danken.

Der eisige Nordwind klopft an sein Zimmerfenster, bringt ihm einen Gruß von seinem Liebchen. Nicht mit ihr, mit dem Himmel soll er hadern, spricht der Eiswind, zu entfernt haben des Himmels Mächte ihrer beider Häuser aufgestellt, als dass sie je zusammenkommen könnten. Im Gasthof wird es still. Oft sitzt Marielies nun in der Stube am Spinnrad, ein Anblick, der Rückerts Herz rührt. Innerlich hat er sich von ihr bereits verabschiedet, in seinen Träumen aber geht es gelegentlich noch leidenschaftlich zu. Einmal träumt ihm, er wär' ein Vögelein, das in kalter Winternacht vor ihre Füße fiele …

Dann tät' ich so erfroren und erstarret,
dass sie aus Mitleid in den Busen nieder
Mit Haut und Haar mich schöb', mich zu erwarmen.

Dann, wenn ich ein Weilchen so verharret,
Besänn' ich mich auf meine Menschenglieder,
Um sie, statt zu umflügeln, zu umarmen.

Wenn ich ein Vöglein wär' … Gelegentliche Rückfälle gibt es noch, manchmal noch flammt das schon erloschen geglaubte Feuer wieder auf, bei Weitem aber nicht mehr so heftig wie im Sommer. Die nun entstehenden Sonette erzählen zwar noch von wieder aufbrechenden alten Wunden, der Grundtenor aber ist sanft und in Moll gehalten, der Abschied nicht mehr aufzuschieben.

Mein Liebchen hat das Herz sich abgeschlossen,
Den Schlüssel drauf geworfen in die See.
Dort hängt er tief, wo die Korallen sprossen,
Vergebens taucht nach ihm hinab mein Weh.

Der Tag des Abschieds ist gekommen. Noch einmal blickt sich Rückert zur *Specke* um, zum Haus seiner Amaryllis. Hat sich die Gardine vor ihrem Fenster nicht bewegt? Schaut sie ihm nach?

Nicht doch! Sie steht in ihrer stillen schönen
Gleichgült'gen Unbefangenheit noch immer!
O lern von ihr, nimm ohne Klagegewimmer
Den Abschied, geh, und nimm ihn ohne Höhnen.

Wie es weiterging? Marielies heiratete 1816, knapp vier Jahre nachdem Rückert seinen Abschied genommen, in Coburg den herzoglichen Mundkoch, Billardeur und Gastwirt Jacob Eckardt, einen jungen Witwer von 25 Jahren. Er scheint ein Spitzenkoch gewesen zu sein. Ob sie mit ihm auch den schönsten aller Männer erwählt hat? Das Ehepaar betrieb ein Wirtshaus am Salzmarkt; in der Residenzstadt Coburg wird sich ein anderes Publikum eingefunden haben als in der heimischen *Specke*. Fünf Kinder brachte Marielies zur Welt; mit nur 37 Jahren starb sie 1835 an Auszehrung. Ob sie den Gedichtzyklus *Amaryllis – ein Sommer auf dem Lande* gelesen hat, nachdem ihr früherer Verehrer ihn 1825 hatte drucken lassen? Durchaus anzunehmen, zumal Rückert in Coburg für einige Jahre ihr Nachbar gewesen war. Mit welchen Gefühlen mag sie die Sonette gelesen haben? Wir erfahren es nicht, nehmen aber doch an, es wird ihr geschmeichelt haben. Es heißt, sie sei mit ihrem Mann nicht glücklich geworden und habe ihr ablehnendes Verhalten gegenüber dem jungen Rückert bitter beklagt und bereut. Was wäre wohl aus ihr geworden, wenn sie sein Flehen erhört hätte?

Im Todesjahr von Amaryllis war Friedrich Rückert bereits ein höchst anerkannter Dichter und Sprachgelehrter; seit neun Jahren wirkte er als Professor an der Universität Erlangen. Sein privates Glück hatte er in Coburg gefunden: seine Frau Luise, die ihm zehn Kinder schenken sollte. Auch Luise hat den Dichter zu vielen Versen animiert. Deren Ton freilich klingt anders als die bittersüßen Sonette für Amaryllis. Als »Liebesfrühling« schenkte man sich den Gedichtband in reich illustrierter Ausgabe zu besonderen Gelegenheiten, zur Verlobung oder Hochzeit etwa, vielfach wurden die Liebesgedichte vertont, besonders schön von Robert Schumann. Bei allem familiären Glück aber scheint Rückert seine Amaryllis nie vergessen zu haben. Noch im Alter träumt er von ihr und verfasst Verse der Erinnerung. Einer davon soll den Schluss dieses Kapitels bilden:

Hier im Glase, worin du die rosige Lippe genetzet,
Soll kein anderer Mund trinken, der meinige soll
Auch nicht trinken darin; hier sollen zu deinem Gedächtnis
Stets von neuem gepflückt Rosen nur trinken allein.

Das Wirtshausschild von der *Specke*

Katharina von Bora-Statue in Lutherstadt Wittenberg

VERWORRENE LIEBE

Telenovela mit fränkischer Hauptrolle

♡

Eine entlaufene Nonne, ein Nürnberger Patriziersohn und kein Geringerer als Martin Luther: Mehr braucht es nicht für eine Liebesgeschichte, die Stoff für jede Telenovela böte. Katharina von Bora (die entlaufene Nonne) hat sich unsterblich verliebt (in den Nürnberger Patriziersohn Hieronymus Baumgartner). Sie nimmt all ihren Mut zusammen und bittet Martin Luther, der Familie ihres Angebeteten einen Brief zu schreiben.

Tatsächlich erklärt sich der Reformator auch dazu bereit. Allerdings hat er eine Bedingung: Katharina soll wiederum ein gutes Wort für ihn bei ihrer Freundin Ave von Schönfeld einlegen. In die hat sich nämlich der große Denker verliebt. Doch am Ende kommt alles anders und Katharina von Bora wird zu Katharina Luther. Und alles nur, weil Hieronymus Baumgartner sich für eine andere entscheidet.

Doch der Reihe nach: Als sächsische Adelige kommt Katharina von Bora im Januar 1499 zur Welt. Wann und wo genau? Das ist nicht bekannt. Weder ist das Datum urkundlich belegt, noch besteht Gewissheit über ihren Geburtsort. Was man dagegen mit Sicherheit weiß: Ihr Vater gibt sie der Erziehung halber Ende 1504 in das Augustinerinnen-Chorfrauenstift St. Clemens nach Brehna. Später kommt sie ins Zisterzienserinnenkloster Marienthron bei Grimma. Katharina von Bora wird Nonne.

Hier tritt bereits zum ersten Mal Martin Luther auf den Plan, der zu dieser Zeit auf der Wartburg ein Gutachten über die

Verbindlichkeit – oder sagen wir besser, die Unverbindlichkeit – von Klostergelübden verfasst (»De votis monasticis«). Seine Schrift ist eine Hilfestellung für Ordensleute, die das klösterliche Leben hinter sich lassen wollen. Wie etwa Katharina von Bora, die an Ostern 1523 das Zisterzienserinnenkloster als eine von elf Nonnen verlässt (darunter auch ihre Freundin Ave von Schönfeld).

Da steht sie nun, mittel- und heimatlos. Zu ihrer Familie zurück? Kann sie nicht. Doch Martin Luther organisiert ihr zunächst eine Bleibe bei seinen Freunden in Wittenberg. Er geht sogar noch einen Schritt weiter: Martin Luther gibt den Heiratsvermittler und bringt sie mit »ehrenwerten Männern« als potenziellen Ehemännern und Ernährern in Kontakt. So tritt auch Hieronymus Baumgartner in ihr Leben, der Martin Luther aus seiner Studienzeit in Wittenberg kennt.

Was für ein Mann: Patriziersohn, Mitgestalter der Reformation in Nürnberg, Betreiber des ersten humanistischen Gymnasiums in Deutschland. Es hätte so schön werden können. Doch es wäre keine Telenovela, wenn an dieser Stelle bereits der Abspann laufen würde: »Und sie lebten glücklich bis an ihr Lebensende.« Die Familie von Hieronymus Baumgartner legt ihr Veto trotz aller Bemühungen Martin Luthers ein. Eine Heirat mit einer entlaufenen Nonne? Ein Unding für eine stolze Patrizierfamilie.

Und bei Martin Luther und seiner Angebeteten Ave? Da läuft es nicht viel besser. Beim Vater der kirchlichen Reformation und der schönen Ex-Nonne, mit der Martin Luther so gerne anbandeln will, bleibt das Happy End genauso aus. Ave heiratet einen Mediziner, Hieronymus Baumgartner die Tochter eines bayerischen Oberamtmanns. Was machen die beiden Verschmähten? Richtig, sie heiraten einfach selbst. Am 13. Juni 1525 wird so schließlich aus Katharina von Bora Katharina Luther. Hieronymus Baumgartner, dem wohl ersten fränkischen Hauptdarsteller in einer Telenovela, sei Dank.

Doppelporträt Martin Luther und Katharina von Bora von Lucas Cranach d.Ä.

Hans-Sachs-Brunnen, kurz: »Ehekarussell«

HANS SACHS

Über die Ambivalenz des Ehelebens

♡

Als sich das Nürnberger Ehekarussell am Weißen Turm frisch zu drehen begann – es war das Jahr 1984 –, zog so manche Nürnberger Großmutter ihr neugieriges Enkelkind rasch an dem Brunnen vorbei, den Künstler und die Stadtverantwortlichen zugleich mit stillen Flüchen beschimpfend. Zugegeben: Der Bildhauer Jürgen Weber hat recht drastische Bilder für das Gedicht von Hans Sachs gefunden, andererseits drücken seine Figuren treffend den Sinn des »Bittersüßen ehlich' Leben« aus. Auf einem Maiskolben tanzend sieht man Hans Sachs. Der eheerfahrene »Schuh-/macher und Poet dazu« hat uns alle Freuden und Leiden der Ehe aus männlicher Sicht geschildert; ohne größere Probleme aber könnten die Rollen auch gewechselt werden, wie manche Frau am Brunnen schon seufzend festgestellt haben wird. Um den Text des berühmten Meistersingers besser zu verstehen, wird nachfolgend die Orthografie behutsam angepasst; auch scheint es wichtig, einige Begriffe, die heute nicht mehr geläufig sind, kurz zu erläutern, wozu wir Grimms Wörterbuch befragen:

»Suppenwust« ist ein Scheltwort für einen schmutzigen Küchenmenschen, besonders für eine solche Frau, ähnlich Dreckfink oder Schlampe.

»Hebenstreit« meint jemanden, der einen Streit anfängt, ein Scheltwort für eine streitsüchtige Frau insbesondere.

»Mietsam« ist gleichbedeutend mit umgänglich, gesellig, freundlich, sanft.

»Notstall« bezeichnet den Verschlag eines Schmieds, in dem er Pferde und Ochsen beschlug, die während dieser Behandlung aus Not oft vor Schmerzen schrien, es bedeutet also gefesselt, seiner Freiheit beraubt.

Doch nun mitten hinein ins bittersüße Eheleben!

Gott sei gelobet und geehrt,
Der mir ein fromm Weib hat beschert,
Mit der ich zweiundzwanzig Jahr
Gehaust hab, Gott gab länger gar.

Wiewohl sich in mein ehlich Leben
Hat Süß und Saures oft begeben,
Gar wohl gemischt von Freud und Leid,
Erst auf, dann ab, ohn Unterscheid,
Sie hat mir nit stets kochet Feigen,
Will schwankweis Dir ein Teil anzeigen.

Sie ist ein Himmel meiner Seel,
Sie ist auch oft mein Pein und Höll.
Sie ist mein Engel auserkoren,
Ist oft mein Fegeteufel worden.
Sie ist mein Wünschelrut und Segen,
Ist oft mein Schauer und Platzregen
Sie ist mein Mai und Rosenhag,
Ist oft mein Blitz und Donnerschlag.

Mein Frau ist oft mein Schimpf und Scherz,
Ist oft mein Jammer, Angst und Schmerz,
Sie ist mein Wonn und Augenweid,
Ist oft mein Trauern und Herzeleid.
Sie ist mein Freiheit und mein Wahl,
Ist oft mein Gfängnis und Notstall.

Sie ist mein Hoffnung und mein Trost,
Ist oft mein Zweifel, Hitz und Frost.

Mein Frau ist meine Zier und Lust,
Ist oft mein Graun und Suppenwust.
Ist oft mein königlicher Saal,
Doch auch mein Krankheit und Spital.
Mein Frau, die hilft mir treulich nähren,
Tut mir auch oft das Mein verzehren.

Mein Frau, die ist mein Schild und Schutz,
Ist oft mein Frevel, Stolz und Trutz.
Sie ist mein Fried und Einigkeit
Und oft mein täglich Hebenstreit,
Sie ist mein Fürsprech und Erlediger,
Ist oft mein Ankläger und Prediger.

Mein Frau ist mein getreuer Freund,
Oft worden auch mein größter Feind,
Mein Frau oft mietsam ist und gütig,
Sie ist auch zornig oft und wütig.

Sie ist mein Tugend und mein Laster,
Sie ist mein Wund und auch mein Pflaster,
Sie ist meines Herzens Aufenthalt,
Und machet mich doch grau und alt.

Nun, grau und alt wäre Hans Sachs wohl auch als Junggeselle geworden. Ob verheirateten Männern dieses Schicksal früher droht, ist zweifelhaft, belegt ist eher das Gegenteil: Ehemänner leben länger. Die Ehe mit Kunigunde Creutzer, die der singende und dichtende Schuster als 17-Jährige vor den Traualtar führte, hielt immerhin 41 Jahre. Sieben Kinder wurden ihnen geschenkt, keines aber überlebte die Eltern. Deren Kummer kann man nur erahnen. Allen gereimten Bedenken zum Trotz scheint das Eheleben Hans Sachs nicht traumatisiert zu haben. Bereits ein Jahr nach dem Tod seiner Frau 1560 heiratete er erneut, dieses Mal eine junge Witwe namens Barbara Harscher. Die Sonnenseiten des Ehelebens scheinen also die Schattenseiten hell überstrahlt zu haben, denn Hans Sachs gibt allen verheirateten Leidensgenossen noch folgenden optimistisch stimmenden Rat mit auf den Eheweg:

»Wem Gott ein frommes Weib beschert,
der halt' wie einen Schatz sie wert.«

»Dürer malt seine Frau«, Holzstich nach Gemälde von Wilhelm Lindenschmid d.J.

AGNES DÜRER UND IHR ALBRECHT

Der Versuch einer Ehrenrettung

♡

Die Vorwürfe wiegen schwer. Kaum einer zweiten Ehefrau hat man je so viel Schmutz hinterhergeworfen. Agnes Dürer soll ihrem Mann das Leben zur Hölle gemacht haben, ihn gar aus dem selbigen befördert haben. »Mehr denn 2.000 böse Tage und ewige Zentner Unglück« soll Agnes ihrem Mann beschert haben, schreibt Heinrich Arend in seiner Biografie über »einen der vollkommensten Künstler seiner und aller nachfolgenden Zeiten«. Das Werk erschien 1728, also genau 200 Jahre nach Dürers Tod. Georg Andreas Will, Professor und Historiker an der Nürnberger Campus-Universität in Altdorf, schildert uns Agnes in seiner Schrift aus dem Jahre 1764 wie folgt: »Hochmuth, Eigensinn, tägliches Zanken und Keifen und ein unerträglicher Geiz sind die Hauptzüge ihres Charakterbildes«. Starker Tobak. Wie gewannen die Biografen ihre Kenntnisse über die Qualität der Ehe? Agnes und Albrecht Dürer waren ja schon lange verstorben.

Viele scheinen aus derselben Quelle geschöpft zu haben, dem Künstlerlexikon Joachim von Sandrarts. Der Nürnberger war ein bekannter Maler und Kunstschriftsteller. Sein 1674 erstveröffentlichtes Lexikon zeichnet ein wirklich übles Agnes-Bild. Als Gewährsmann für Agnes' Charakter benennt Sandrart Georg Hartmann, einen Freund Dürers, gebürtig aus Eggolsheim. Der gefragte Instrumentenbauer und Sonnenuhrenkonstrukteur habe, erschüttert vom frühen Tod Dürers, die folgende Passage niederge-schrieben (behutsam an moderne Orthografie angepasst): »Ich hab wahrlich an Albrecht den besten Freund, so ich auf Erden gehabt hab, verloren, und dauert mich nichts höher, dann dass er so eines hartseligen Todes verstorben ist.« Diesen frühen Tod könne man niemandem als Dürers Ehefrau zuschreiben, heißt es weiter. Agnes habe Dürers Herz angenagt und dermaßen gepeinigt, dass sich Alb-recht desto schneller von hinnen gemacht habe, ausgedörrt wie ein Strohbündel. Keine Erholung habe sich der Künstler gönnen, zur Zerstreuung nicht unter die Leute gehen dürfen, dafür habe sein böses Weib gesorgt. Unerbittlich habe Agnes ihren Mann zur Ar-beit gedrängt, dass er Geld verdiene und ihr möglichst viel überlas-se, wenn er stürbe. »In summa ist sie allein seines Todes Ursach«, urteilt Georg Hartmann. Er habe Agnes oft wegen ihres argwöhni-schen, sträflichen Wesens getadelt, sie gewarnt und ihr gesagt, was ihr Verhalten am Ende für Dürer bedeuten würde, aber dadurch habe er nichts als Undank erfahren, denn wer ihrem Mann wohlge-sinnt und für ihn da gewesen sei, dem sei sie zum Feind geworden. »Sie hat ihn unter die Erde gebracht«, lautet das Fazit Hartmanns.

Besonders perfide, ja sarkastisch erscheint uns das Urteil eines Professors namens Will, der Agnes dadurch verteidigt, dass er in ihrem unseligen Treiben durchaus auch einen Gewinn für Dürer erkennen kann: »Man könnte sagen: da sie (Agnes) ihn durch ihre unartige Ausführung nach Holland getrieben, habe sie ihm Gelegenheit und das Vergnügen verschafft, noch vieles in der Kunst und ihrer Meister zu profitieren und indem sie ihm die Erde zur Hölle gemacht, so habe sie ihm die Hoffnung gen Himmel und nach einem zukünftigen besse-ren Leben gestärkt.« Die Vertreibung nach Holland als künstlerischer Glücksfall? Die Hölle auf Erden als Appetitmacher auf den Himmel? Schreiten wir zur Verteidigung der so arg gescholtenen Agnes!

Zuvor aber scheint uns notwendig, die Fakten darzustel-len. Agnes Dürer stammte aus der Nürnberger Handwerkerfami-lie Frey. Hans Frey, der Vater, war ein vermögender Kupferschmied und bekleidete in Nürnberg einige öffentliche Ämter. Anna Frey, die Mutter, stammte aus der einflussreichen Patrizierfamilie Rummel. Die Ehe zwischen Albrecht und Agnes war von den Eltern arrangiert worden, ein übliches Vorgehen in jener Zeit. Albrecht scheint es mit der Schließung des Ehebunds allerdings nicht eilig gehabt zu haben. Er musste eindringlich ermahnt werden, seine Gesellenwanderschaft, »die Walz«, abzubrechen. Schon hier könnte ein Kritikpunkt ansetzen. Wenn der junge Handwerker offensichtlich nicht heiraten wollte, warum hatte er nicht die Traute, sich gegen die arrangierte Ehe zu wehren? Hätte man ihn tatsächlich zwangsverheiratet? Kaum anzunehmen. Anfang Juli 1494 traten die beiden jungen Leute vor den Traualtar, Albrecht war 23 Jahre alt, 19 Jahre seine Braut. Aus dem gleichen Jahr stammt Dürers Zeichnung »Mein Agnes«. Ihre Kritiker würden über das Bild vermutlich wieder zu spotten beginnen, zeigt es doch keine strahlende Schönheit, sondern ein schlichtes Mädchen, das die Augen niederschlägt und die Hand ungeschickt vor Mund und Kinn legt. Und doch, nicht zu übersehen ist die Sympathie, mit der Agnes gezeichnet ist. In sich gekehrt wirkt sie, fast ein wenig schüchtern, keinesfalls aber kalt und berechnend. Auch die anderen Kunstwerke, bei denen Agnes ihrem Mann Modell gesessen hat, atmen den Geist warmer Zuneigung. 1521, da waren sie schon 27 Jahre verheiratet, zeichnet Albrecht Dürer seine Frau in niederländischer Tracht. Deutlich runder ist sie geworden. Sie schaut ihren Mann nicht an, ihr Silberblick geht schräg an ihm vorbei. Entspannt sieht sie auf der Silberstiftzeichnung aus, ein angedeutetes Lächeln und viel Liebe liegen in ihrem Blick und damit auch in seinem, denn nur ein liebender Maler ist in der Lage, einen solch sympathischen Glanz auf das Gesicht seines Modells zu zaubern. Agnes' leicht gehobene Augenbrauen beweisen Selbstbewusstsein und die Fähigkeit zu skeptischem Humor, der nicht davor Halt macht, sich selbst auf die Schippe zu nehmen.

46 Jahre alt ist Agnes zum Zeitpunkt der Entstehung dieses Porträts, immer noch hat sie kein Kind geboren. Kinder sind wohl auch keine mehr zu erwarten, ein Faktum, das Professor Will wie

folgt kommentierte: »Sie zeugte keine Kinder mit ihrem Mann, um welchen Segen sie vielleicht ihre Bosheit brachte …« Boshaft allein erscheint uns diese Interpretation. Wer weiß schon, durch welche Tiefen das kinderlose Paar gegangen ist, durch Hoffen und Bangen, durch welche Enttäuschungen? Die Schuldfrage zu stellen ist an sich schon eine Frechheit, frecher noch, die Schuld allein bei Agnes zu suchen. Die niederländische Tracht widerlegt zudem die niederträchtige Behauptung Wills, Dürer habe künstlerisch davon profitiert, von seinem bösen Weib nach Holland vertrieben worden zu sein. Falscher als falsch! Albrecht Dürer ist nachweislich an der Seite seiner Agnes in die Niederlande gereist.

Das dritte Bild, das Albrecht Dürer von Agnes angefertigt hat, ist das vielleicht aufschlussreichste. Für die Darstellung von Anna selbdritt, dem Motiv mit Anna als Großmutter, Maria als Mutter und dem Jesuskind als Enkel, wählte Dürer seine Frau als Modell für Anna. Das Ölgemälde, es hängt im *Metropolitan Museum of Art* in New York, ist 1519 entstanden, also zwei Jahre vor der Zeichnung in den Niederlanden. Der biblische Hintergrund ist heute vielen nicht mehr geläufig, war aber zu Dürers Zeiten allen Betrachtern vertraut. Anna hatte zwanzig Jahre vergeblich auf ein Kind gewartet, als ihr und ihrem Mann Joachim noch eine Tochter geschenkt wurde, der sie den Namen Maria gaben. Ob Dürer das Bild als Trostbild gemalt hat, zur Beschwörung himmlischer Mächte, denen nichts unmöglich war? Das Gesicht von Anna ist anrührend, ja mitleiderregend. Man spürt die Sehnsucht nach einer eigenen Familie, einem Kind, nach Enkeln. Da ist nichts von einer gierigen Alten, von einer Frau, die es nach Geld und Wohlstand drängt; in Annas, also in Agnes' Blick liegt die Trauer einer Seele, deren größter Herzenswunsch versagt worden ist, die aber dennoch nicht verzweifelt, sondern ihr Schicksal mit großer Würde trägt.

Als Agnes Albrecht heiratete, war nicht zu ahnen, welch erfolgreicher Künstler einmal aus ihm werden würde. Im Gegenteil.

Dadurch, dass sich Albrecht Dürer gegen den bei seinem Vater erlernten Beruf des Goldschmieds entschieden hatte – als solcher wäre die wirtschaftliche Zukunft gesichert gewesen –, hatte er eine unsichere Malerexistenz gewählt. Agnes konnte nicht davon ausgehen, ein materiell sorgenfreies Leben führen zu können. Sie half Albrecht und unterstützte ihn, wo sie konnte, wuchs hinein in die Rolle einer Geschäftsführerin des kleinen Familienunternehmens. So ging sie nicht nur regelmäßig auf den Wochenmarkt, um dort die Drucke ihres Mannes zum Kauf anzubieten, sie fuhr auch selbstständig mit seinen Werken auf die großen Messen in Frankfurt und Leipzig, um ihn bekannter zu machen. Als Albrecht erfolgreich wurde und Schüler und Gesellen aufnahm, leitete Agnes in Zeiten seiner Abwesenheit die Werkstatt und verwaltete das Einkommen. Das war dringend notwendig, denn Albrecht liebte es, auf Reisen zu gehen, gerne für längere Zeit. Ob Agnes damit einverstanden war? Ihr Mann begründete die Reisen, die er mit besonderer Begeisterung nach Italien unternahm, mit geschäftlichen Argumenten. Tatsächlich aber, das deutet sich in Briefen an seinen Freund Willibald Pirckheimer, den großen Humanisten, an, wird auch das Vergnügen nicht zu kurz gekommen sein. Kann man es Agnes verargen, wenn sie säuerlich reagierte?

Wieder und wieder verschob ihr Mann die Rückkehr. Welche Gründe hatte er dafür? Albrechts Briefe an seine Frau sind nicht überliefert. Vermutlich wird Agnes sie später vernichtet haben, vielleicht, weil sie mit Vorwürfen gespickt waren, vielleicht aber auch einfach deswegen, weil man damals nicht daran dachte, persönliche Dokumente für die Nachwelt zu bewahren. Die Briefe, die wir kennen, das sind Dürers Briefe an Willibald Pirckheimer. Passagen dieser Briefe erinnern an den Überschwang pubertierender Knaben, die sich gegenseitig mit Frivolitäten anheizen. Da wird keine Zote ausgelassen, werden frauenfeindliche, ja sexistische Witze gerissen. Manchen Dürerbiografen waren diese Briefe so unangenehm, dass man sie peinlich berührt unterschlug: Bordellbesuche, deftige erotische Praktiken, gipfelnd in der Aufforderung Dürers an den verwitweten Pirckheimer, wenn er es mit seiner Frau Agnes treiben wollte, die er despektierlich als alte Krähe bezeichnet, so doch bitte auf solch grobe Weise, dass er sie, »zu Tode brauten« solle. Fern der Heimat in Italien, vielleicht im Suff geschrieben und am nächsten Morgen schon bereut? Wer weiß das schon.

Wir wollen uns nicht zum Sittenrichter aufschwingen, wir wollen nur die Frage stellen, wer hier wem das Leben sauer gemacht haben könnte. Und noch ein Aspekt könnte bedeutsam sein: Die Freundschaft Dürers zu Pirckheimer war vielleicht das, was man heute als Freundschaftplus bezeichnet. Möglicherweise waren sich die beiden Männer vertrauter als bekannt. In Pirckheimers Bibliothek gibt es einige Bände, die das Hohe Lied der gleichgeschlechtlichen Liebe singen. Dazu würde eine Silberstiftzeichnung Dürers passen, unter die der Maler, nachdem er seinen Freund porträtiert hatte, einen anzüglichen Spruch setzte, die unverblümte Aufforderung zur Vollziehung einer Sexualpraktik, wie sie nur unter Männern möglich ist. War Dürer schwul? Einige Publikationen aus jüngerer Zeit meinen das belegen zu können. Wenn es denn so war: Ob Agnes Dürer nicht gemerkt haben wird, dass sie nur zweite Wahl war, nicht als Person, sondern weil sie das falsche Geschlecht besaß? Nicht begehrt zu werden, eine schlimme Kränkung für jede Frau. Ob darin auch der eigentliche Grund für die Kinderlosigkeit zu sehen ist?

All das wissen wir nicht. Was wir wissen ist, dass Albrecht zum Heiligen stilisiert wurde, seine Frau aber zum Monster. Beides wird den historischen Personen nicht gerecht. Wie so oft ist die Wahrheit viel komplizierter. Und wenn Heinrich Arend tatsächlich recht gehabt haben sollte, wenn es denn wirklich 2.000 böse Tage gewesen sein mögen, die Agnes ihrem Mann beschert hat: Albrecht und Agnes waren immerhin 34 Jahre verheiratet, also über 12.000 Tage. 2.000 Tage von 12.000, da kommen wir auf einen Prozentsatz von weniger als 17 bösen Tagen, also kaum ein böser Tag pro Woche, an den übrigen sechs Tagen hingegen schien demnach die Sonne. So schrecklich also kann die Ehe nicht gewesen sein.

Wir müssen noch einmal auf Willibald Pirckheimer zurückkommen. Bei späteren Umbauarbeiten an seinem Patrizierhaus stieß man auf eine Hohlwand, hinter der Pirckheimer persönliche Aufzeichnungen verwahrt hatte. Unter anderem fand man den Entwurf eines Schreibens, das er nach dem Tod seines Freundes Dürer verfasst haben muss. Der Text dieses Entwurfes stimmte in verblüffender Weise, ja fast wortwörtlich mit dem Bericht überein, den man bislang dem Dürerfreund Hartmann zugeschrieben hatte und auf den sich später alle Biografen bei ihrem negativen Urteil über Agnes bezogen hatten. Nicht Georg Hartmann hätte demnach den Nachruf mit den schlimmen Urteilen über Agnes verfasst, sondern Willibald Pirckheimer. Hierzu muss man wissen, dass Agnes den Busenfreund ihres Mannes nach dessen Tod schwer verärgert hatte. Pirckheimer hatte sich nämlich einige wertvolle Kunstgegenstände aus dem Besitz Dürers erbeten, unter anderem ein schönes Hirschgeweih. Agnes Dürer hatte ihm seinen Wunsch abgeschlagen. Liegt es nicht nahe, die Äußerungen Pirckheimers auf seinen Zorn darüber zurückzuführen? All die Häme und der Spott über Agnes Dürer sagen mehr über ihn und seine Enttäuschung aus als über das Objekt seiner Wut. Man muss jede Äußerung im Kontext betrachten, in dem sie getan worden ist.

»Das Haus, in welchem der arme Dürer zu Tod gepeinigt wurde, ist das oberste Eckhaus auf der linken Hand der Zisselgasse in Nürnberg, wo man zum Thiergärtner Tor hingeht ...«, heißt es bei Professor Will. Heute beherbergt das Dürerhaus die Ausstellung zum Leben und Werk des vielleicht größten deutschen Künstlers aller Zeiten. Wer möchte, kann sich von einer Darstellerin der Agnes Dürer durch das Haus führen lassen und sich selbst ein Urteil über Dürers Ehefrau machen.

Das Grab von Walther von der Vogelweide

HILFE BEI LIEBESKUMMER

Ein Besuch am Grab Walthers von der Vogelweide

♡

Was schmerzt mehr als ein gebrochenes Herz? Natürlich kann man sich auch an seine beste Freundin wenden. Oder an seinen Psychologen. Oder an die Telefonseelsorge. In Franken aber gibt es noch einen anderen Ort, an dem einem bei akutem Liebeskummer geholfen wird. Jedenfalls schwören viele Würzburger darauf. Es handelt es sich um einen idyllischen, ein wenig versteckten Ort im Schatten des Kiliansdoms. Im Lusamgärtchen, dem ehemaligen Kreuzgang des Neumünsterstiftes (an sich schon eine Sehenswürdigkeit), befindet sich das Grab eines besonderen Mannes, eines Minnesängers der Extraklasse, der mit seinen Liedern eine ganze Generation verzaubert hat: Walther von der Vogelweide. Der Grabstein ist schlicht, Vertiefungen auf der Platte aber nehmen das Regenwasser auf und dienen so den Vögeln als Tränke, ganz im Sinne des Toten und seinem Namen entsprechend.

Ob Walther tatsächlich an dieser Stelle begraben ist, wird von manchen bezweifelt, schließlich ist alles schon so lange her, aber kommt es darauf wirklich an? Wichtig allein ist doch, seine Nähe zu spüren, die Nähe eines Mannes, der wie kaum ein zweiter die Freuden und Leiden der Liebe besungen hat. Auch hat er den Liedern einen neuen Ton verliehen. Lange war es bei den Minnesängern üblich, die hohe Minne zu besingen, die wehmütige, unerreichbare Liebe eines Ritters zu einer hochgestellten Dame. Walther wandte seinen Blick vom Adel zum einfachen Volk, er dichtete sogenannte

Mädchenlieder, welche die Liebe eines Mädchens, das kaum einer kannte, zum Thema hatten. Das Mädchen erzählt hier selbst von einer realen Liebesbegegnung. Es lässt es einerseits schamhaft bei Umschreibungen oder Andeutungen bewenden, äußert sich andererseits aber doch ganz unmissverständlich. Thematisiert wird das Glücksgefühl, das die erfüllte Liebe schenkt. Dieses Motiv der Herzensliebe, der gegenseitigen beglückenden Liebe ist Ausdruck der ebenen oder niederen Minne. Besonders das Lied »Unter der Linden« gehört in diese Kategorie; wir dürfen versuchen, einige Strophen behutsam aus dem Mittelhochdeutschen in modernes Deutsch zu übersetzen:

Unter der Linden,
an der Heide,
wo unser zweier Bette war,
da möget ihr finden
gebrochene Blumen
und zerdrücktes Gras.
Vor dem Walde in einem Tal,
tandaradei,
schön sang die Nachtigall.

Gebrochene Wiesenblumen als Zeugen einer innigen Umarmung, kann man ein schöneres Bild für ein Schäferstündchen finden? Wie seine singenden Kollegen lebte Walther von der Gunst der Fürsten, an deren Höfen er seine Kunst ausübte. Leicht verächtlich, von oben herab, hat man dem begabten Sänger vorgeworfen, er besinge nicht allein mehr die hohe Minne, sondern auch die niedere Minne. Walther selbst fand die passende Antwort darauf, indem er von ebener Minne sprach, die Liebenden, Frau und Mann, also als gleichwertig ansah. Und ist nicht das die wahre Liebe, die nicht auf den Stand und die Herkunft blickt, sondern einzig in das Herz der Menschen?

Das Volk hat ihn verstanden, und so wird nachvollziehbar, warum Walther von der Vogelweide bis heute als Helfer bei Liebeskummer angerufen wird. Im Jahr 1230 soll er in Würzburg gestorben und im Neumünsterstift begraben worden sein, als Engel der Verliebten aber lebt er weiter. Dass die Menschen nach wie vor zu ihm pilgern, sieht man an mancher Blume, die auf sein Grab gelegt ist. Manche sind frisch, manche bereits verwelkt, verwelkt ist hoffentlich auch der Liebeskummer, der die Blume hierherbrachte. Derart getröstet lassen wir uns noch von einer weiteren Strophe seines Gedichts »Unter der Linden« verzaubern:

Dass er bei mir lag,
Erführ's jemand (das wolle Gott nicht),
Wie schäm' ich mich.
Was er mit mir tat,
Nie soll es jemand wissen
außer er und ich.
Und ein kleines Vögelein,
Tandaradei,
Das möcht' wohl verschwiegen sein.

Sich sithie den deun die joncken vor
In sla wart smol die o nas heut
The verloss sii har das was me leut

Also parcifal frowwe siguuen uff einer lin
den sant sitten

SIGUNE UND SCHIONATULANDER

Obereschenbach in Mittelfranken. Ein kleiner Ort und doch in der Literaturgeschichte einer der bedeutenden. Hier ist er geboren, da sind sich die Forscher einig, Wolfram, der Schöpfer des Parzival. Um das Jahr 1170 muss das gewesen sein, so genau weiß man das nicht mehr. Wolfram gilt als der größte deutsche Epiker des hohen Mittelalters. Das imposante Denkmal auf dem Marktplatz seiner Heimatstadt hat Bayernkönig Maximilian II. gestiftet. Parzival hat Wolfram berühmt gemacht. Anrührender aber noch und literarisch von vielen besonders hoch geschätzt ist sein Titurel, zwei Fragmente in Strophenform, die die Liebes- und Leidensgeschichte von Sigune und Schionatulander erzählen. Weil nur fragmentarisch überliefert, bleibt uns manches Detail verborgen. Ergänzt man die Liebesgeschichte aber durch das, was uns im Parzival von den jungen Liebenden erzählt wird, so wird eine runde Geschichte daraus. Hier soll sie nacherzählt werden.

Es war einmal ein König, der hieß Titurel. Ausgezeichnet war er unter den Königen des Reiches, denn er war der Hüter des Grals, des heiligen Gefäßes, der das Blut Christi aufgefangen hatte. Titurel wusste, nur ein Herrscher mit reinem Herzen war würdig, den Gral zu bewahren, und so gab er seinem Sohn Frimutel und allen seinen Nachkommen den Auftrag, die wahre, aufrichtige Liebe hochzuachten. Frimutel hatte fünf Kinder, drei Töchter und zwei Söhne. Um Schoysiane, die als Älteste den Gral tragen durfte, warben viele

Könige; Schoysiane jedoch schenkte ihre Liebe Herzog Kyot von Katelangen. Übers Jahr ward ihnen ein Kind geschenkt, eine Tochter, der sie den Namen Sigune gaben. Kurz nach der Geburt aber starb Schoysiane. Auf solche Art ins Unglück gestürzt, verzichtete der Herzog auf alle weltlichen Freuden, vermachte sein Land Katelangen seiner neugeborenen Tochter und zog sich in die Wälder zurück, um fortan als Einsiedler zu leben.

Von beiden Eltern verlassen, wurde Sigune in die Obhut ihres Onkels Tampunteire gegeben, einem Bruder ihres Vaters. Doch auch Tampunteire fand bald den Tod. Wieder war Sigune allein. So nahm Herzeloyde sie auf, eine Schwester ihrer Mutter. Herzeloydes Gemahl war noch vor der ersten Liebesnacht gestorben, so herrschte sie als jungfräuliche Witwe über die Länder Waleis und Norgals. Sigune reifte zu einem hübschen Mädchen heran, als Herzeloyde den Fürsten Gahmuret heiratete. In dessen Gefolge befand sich ein junger Knappe, Schionatulander mit Namen. Bald waren die beiden Kinder unzertrennlich. Wo Schionatulander war, da war auch Sigune, und wo Sigune war, da war auch Schionatulander. »Früh entstand dort Liebe zwischen zwei Kindern. Die erwuchs so rein, dass nichts von der Unreinheit dieser Welt darin zu finden war«, schreibt Wolfram. Heimlich trafen sich die beiden zu vertrauten Gesprächen und gestanden sich ihre Liebe, nicht ohne darüber zu staunen. Rätselhaft erschien Sigune und Schionatulander, was in ihnen vorging, sie konnten es sich nicht recht erklären und suchten gemeinsam herauszufinden, was sie bewegte und anzog. Mit Sorge sieht es Wolfram, der Erzähler: »O weh, Liebe, was taugt deine Macht unter Kindern? – O weh, sie sind noch zu jung für solche Not.« Doch diese Bedenken weichen schnell dem Zauber über die reinen, kindlichen Seelen: »Die Liebe hat alles umgriffen, das Kleine wie das Große. Liebe hat auf der Erde und im Himmel das Recht, vor Gott zu geleiten. Liebe ist überall, nur nicht in der Hölle.« Schionatulanders Herz wollte vor Liebe schier platzen, Sigune aber mahnte ihn zur Geduld. Erst müsse er zum echten Ritter werden, bevor er um sie freien dürfe. So zog der Knappe mit seinem Herrn in den Orient, um sich in Kämpfen zu bewähren. Gahmuret, der zugleich sein Vetter war, denn ihre Mütter waren Schwestern, erkannte, wie Schionatulander litt. Der Knappe war nicht mehr derselbe, sein Gesicht war ernst, seine Stirn trübe. Gahmuret fragte ihn besorgt, was ihn bedrücke, da schüttete der Knappe ihm sein Herz aus und erzählte ihm von Sigune und seiner Liebe zu ihr. Gahmuret strich ihm über den Kopf und versprach, sein Werben zu unterstützen.

Zur selben Stunde stand Sigune auf den Zinnen der Burg und sah weinend in die Ferne, auf Schionatulanders Rückkehr hoffend. Herzeloyde entdeckte ihren Kummer, schluchzend fiel Sigune in ihre Arme und erleichterte ihre Seele. Herzeloyde aber tröstete sie und versprach, sich für sie zu verwenden. Die heimliche Liebe der Kinder hatte den Segen der Großen gefunden, die darin wohl einen Beweis für die Allgewalt der Liebe sahen. Nichts schien ihrem Glück mehr im Wege zu stehen.

Die Jahre schritten voran. Wolfram erzählt uns, wie Sigune zur Frau heranreifte: »Als ihre Brüste rund wurden und ihr hell gelocktes Haar sich braun färbte, da erhob sich in ihrem Herzen ein Hochgefühl. Sie wurde stolz und selbstbewusst, doch auf fraulich-liebevolle Weise.« Selbstbewusst war Sigune geworden, aber war sie sich auch ihrer Gefühle bewusst? In vertraulichen Gesprächen mit Schionatulander versuchte sie sich Klarheit zu verschaffen, stellte ihm die kniffligsten Fragen: »Liebe – ist das etwas Rühmliches? Kannst du mir Liebe erklären? Ist es eine Sitte? Wenn mir Liebe begegnet, soll ich sie bei den Puppen aufbewahren? Oder ist Liebe ein ungezähmter Vogel, der nicht gerne auf die Hand fliegt?«

Noch waren sie nicht verheiratet, noch waren sie nur versprochen, als sie mit ihrem Gefolge einen Ausflug machten. Damit beginnt das zweite Fragment des Titurel. Auf einer Waldlichtung schlug die Gesellschaft ihre Zelte auf, da vernahm Schionatulander ein Bellen. Sofort rannte er los und fing einen Jagdhund ein, der sich losgerissen hatte. Eine lange Leine zog der Bracke hinter sich her, an deren Ende noch eine Zeltstange hing. Fasziniert beugte sich Sigune nieder. Das war kein gewöhnlicher Hund, war keine gewöhnliche Leine. Zwölf Klafter war sie lang, mit Edelsteinen war eine Botschaft darauf geschrieben, die auch den Namen des Hundes verriet: Gardevias, was »Achte die Wege« bedeutete. Eine junge Königin, Clauditte, erzählte auf diesem Band ihre Geschichte. Sie habe sich in den Herzog Ehkunaht verliebt und wolle ihn heiraten; dieser Hund solle der Überbringer ihrer Liebesbotschaft sein, die Leine das Unterpfand ihrer Werbung.

Atemlos ließ Sigune das Spruchband durch ihre Finger gleiten. Die Geschichte berührte sie tief, sie spürte auf geheimnisvolle Weise, wie eng verknüpft ihr eigenes Schicksal mit dieser Botschaft war. Sie musste wissen, wie es weiterging, musste alles erfahren. Doch als sie die Zeltstange losband, um den Schluss des Textes lesen zu können, riss sich Gardevias los und stürmte mit der Leine davon. Schionatulander stürzte hinterher, doch vergeblich, der Hund war schon im tiefen Wald verschwunden. Untröstlich über den Verlust gab Sigune ein Versprechen: Sie würde sich Schionatulander auf der Stelle hingeben, wenn es ihm gelänge, ihr die Leine wiederzubeschaffen. Ihr Freund sah sie mit großen Augen an und schüttelte leise den Kopf, Sigune aber bestand darauf. Nur wenn er ihr die Leine bringe, würde sie seine Liebeswünsche erfüllen.

Wie die Geschichte endete? Davon erzählt uns Wolfram im Parzival. Schionatulander begab sich auf die Suche nach Gardevias, geriet in ferne Länder und fand den Tod. Als Sigune davon erfuhr, tat sie einen Schwur. So wie ihr Vater beim Verlust seiner Frau, ihrer Mutter, der Welt adieu gesagt hatte, wollte auch sie von nun an als Einsiedlerin leben. Schuldig fühlte sie sich, da sie ihrem Verlobten zu Lebzeiten die Erfüllung seiner Liebe nicht gewährt hatte. In einer verlassenen Klause verbrachte sie nun Tag und Nacht und Jahr für Jahr damit, am Sarg der einbalsamierten Leiche Schionatulanders zu klagen. Dass ihre Schönheit schwand, war ihr einerlei. Als Klausnerin lebte sie an der Seite ihres Geliebten und bezeugte vor Gott, mit ihm auf ewig in einer religiösen, jungfräulichen Ehe verbunden zu sein. Als sie schließlich entkräftet am Sarg, den sie nicht hatte bestatten wollen, niedergesunken und gestorben war, wurde sie von Parzival gefunden. Er bestimmte, den Sarg aufzubrechen, Sigune neben Schionatulander zu legen und sie zusammen zu bestatten. So wurden die beiden Liebenden, die sich als Kinder schon ins Herz geschlossen hatten, am Ende wieder vereint.

Obereschenbach ist vermutlich auch der Ort, wo Wolfram gestorben ist und begraben wurde. Vielleicht ruht er in der Frauenkirche, in der man ihm später ein Grabmal setzte. Am 19. Juli 1917 wurde Obereschenbach zu Ehren seines größten Sohnes durch ein Dekret von König Ludwig III. von Bayern in Wolframs-Eschenbach umbenannt.

Sigena-Skulptur im Zimmer Nr. 42 im *Hotel Drei Raben* in Nürnberg

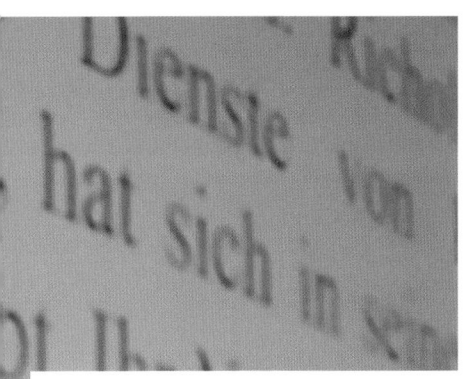

SIGENA

Die Befreiung einer Sklavin aus Liebe

♡

Die Ersterwähnung einer Stadt ist meist mit politischen Ereignissen verknüpft, im positiven Fall mit einer Stadterhebungs- oder Schenkungsurkunde, im negativen Fall mit einem Kriegszug oder gar einer Eroberung. Auch Gründungslegenden wie die von Rom berichten oft von Mord und Totschlag; Romulus wurde bekanntlich zum Stadtgründer, weil er seinen Zwillingsbruder Remus beseitigt hatte. Ganz anders im Fall von Nürnberg. Die Ersterwähnung der Noris wird für immer mit einer großen Liebesgeschichte verbunden sein und mit der Befreiung der Frau.

Es war das Jahr 1050. Auch wenn heute nichts Genaues überliefert ist, weiß man doch, dass Nürnberg damals bereits seit einiger Zeit existiert haben muss. Man vermutet, dass es zwei Königshöfe zur Abhaltung von Reichstagen besaß, einen auf dem heutigen Jakobsplatz, einen am Egidienberg; möglicherweise befand sich ein dritter auf dem Felsen der Kaiserburg. Was wir sicher wissen, ist, dass im Jahr 1050 in Nürnberg ein Mann edler Abkunft lebte, der Richolf hieß. Richolf war nicht nur adelig, er muss auch so vermögend gewesen sein, dass er sich Leibeigene halten konnte, Männer und Frauen. Eine dieser Frauen, Sigena mit Namen, war von solchem Liebreiz, dass sich Richolf in sie verliebte. Für einen wohlhabenden Adligen im Mittelalter dürfte ein Verhältnis mit einer Sklavin kein größeres Problem dargestellt haben. Musste sie ihm nicht gefügig sein? Schließlich war sie sein Eigentum.

Dass es Richolf um mehr ging als um die Befriedigung sexueller Begierden, davon erzählt die weitere Geschichte, selbst wenn wir über die eigentlichen Beweggründe Richolfs nur spekulieren können. Ob es ihm nicht ausreichte, das Bett mit Sigena zu teilen? Ob er sie zur offiziellen Gemahlin nehmen wollte, um Kinder dieser Verbindung zu legalisieren, um einen Sohn zum legitimen Nachfolger zu bestimmen? Oder verhielt es sich anders: Wollte sich Sigena ihrem Herrn erst hingeben, wenn er sie freiließ? Die Entlassung aus dem Sklavenstand als Voraussetzung für eine gemeinsame Zukunft? Verlockend, sich das auszumalen. Sigena könnte auf das Werben Richolfs geantwortet haben: »Gerne werde ich deine Frau, aber nur aus freiem Willen. Frei aber bin ich nicht, eine Sklavin nur. Wenn du mich zur Gemahlin willst, musst du mich lossprechen und in die Freiheit entlassen. Dann kehre ich zurück und bin ganz und für immer dein.«

Lossprechen, in die Freiheit entlassen aber konnte Richolf seine Sigena nicht, das stand außerhalb seiner Macht. Hierfür brauchte es eine Genehmigung von höchster Stelle, nur der Kaiser persönlich konnte einen Sklaven freisprechen. Als Kaiser Heinrich III. im Sommer 1050 seinen Hoftag in Nürnberg abhielt, sah Richolf seine Chance gekommen. Vermutlich wird der Nürnberger neben seiner Bitte auch ein hübsches Sümmchen mitgebracht haben; Verwaltungsakte wurden schon im Mittelalter bevorzugt gegen Gebühr durchgeführt. Solcherart vorbereitet trat Richolf vor den Kaiser, eine Münze in der Hand, und bat um die Freilassung von Sigena. Der Kaiser, beziehungsweise sein Kanzler, führte auf Reisen immer einen gewissen Vorrat an Blankoformularen mit sich, um die Wünsche seines Volkes prompt erfüllen zu können. In die Urkunde mussten lediglich die Namen von Richolf und Sigena eingetragen werden sowie Ort und Datum. Die Urkunde aus Tierhaut, knappe dreißig Zentimeter im Quadrat, ist in Latein verfasst, in spätkarolingischen Minuskeln noch dazu. Da man das heute kaum mehr lesen kann, sei hier eine Übersetzung wiedergegeben:

Im Namen der heiligen, unteilbaren Dreifaltigkeit. Heinrich von Gottes Gnaden, erhabener römischer Kaiser. Kundgetan sei allen unseren christgläubigen Untertanen heute und für alle Zeiten: Eine Sklavin, Sigena mit Namen, die ein edler Mann namens Richolf uns an seiner Hand vorführte und die ihm gehörte, haben wir freigemacht, indem wir aus seiner Hand einen Pfennig mit unserer Hand schlugen. Wir haben sie ganz vom Joch der Leibeigenschaft gelöst, sodass die genannte Sigena von nun an das gleiche Recht und die gleiche Freiheit genießen soll wie all die übrigen von Königen und Kaisern freigelassenen Leibeigenen. Damit die von uns geschenkte Freiheit ihre dauerhafte und unverletzliche Rechtskraft behalte, haben wir diese Urkunde ausgefertigt und durch Eindrücken unseres Siegels beglaubigen lassen.

Ich, Winnherius, Kanzler, habe anstatt des Erzkanzlers Bardo die Richtigkeit geprüft. Gegeben am 16. Juli im Jahre der Fleischwerdung des Herrn 1050. Geschehen zu Noremberc. Viel Glück! Amen.

Der Kaiser hatte Richolf den Pfennig aus der Hand geschlagen, Sigena war frei. Bald wird man Hochzeit gefeiert haben. Ob die Ehe glücklich geworden ist, ist jedoch nicht überliefert. Nach solch romantischem Beginn aber mag man es sich nicht anders denken. Vielleicht spazieren ja heute noch Nachfahren von Sigena und Richolf an den Pegnitzufern entlang. Nürnberg jedenfalls blieb seiner Rolle treu, die Emanzipation der Frau voranzutreiben, was nicht zuletzt am Stadtwappen erkennbar wird. Das große Nürnberger Wappen besteht ja bekanntlich aus dem Körper des (Reichs-)Adlers und dem Kopf von Kaiser Friedrich II. Mit der Zeit aber verweiblichte der Kaiser immer weiter, nahm weichere Gesichtszüge an, zugleich begannen ihm Brüste zu wachsen, sodass man heute glaubt, eine Kaiserin zu erblicken. Transgender auf Fränkisch!

HEINRICH UND KUNIGUNDE

Das heilige Kaiserpaar

♡

Bamberg, Kaiserdom. Neben dem Bamberger Reiter zählt das Hochgrab von Kaiser Heinrich und Kaiserin Kunigunde zu den Hauptsehenswürdigkeiten. In der Werkstatt des genialen Würzburger Künstlers Tilman Riemenschneider ist das Marmorgrab in den Jahren 1499 bis 1513 geschaffen worden. Die Deckplatte zeigt das heilige Kaiserpaar, friedlich ruht es nebeneinander. So friedlich aber ist ihr Leben nicht gewesen. Wir dürfen mit einigem Recht behaupten, wenn es sich auch nicht um eine wilde Ehe gehandelt hat, so doch keinesfalls um eine spannungsarme.

Wann und wo genau sich Heinrich und Kunigunde kennengelernt haben, darüber streiten die Historiker. Gute Gründe aber gibt es für die Annahme, dass es sich um eine Liebesheirat gehandelt hat, ungewöhnlich für Adelige, nicht nur in der Zeit des hohen Mittelalters. Geheiratet wurde meistens aus anderen Motiven: um den Besitz zu vergrößern, die Macht zu erweitern, Freunde zu gewinnen, Allianzen zu schmieden und Feinden zu schaden. Der junge Heinrich hätte die Auswahl gehabt. Als Sohn Heinrichs des Zänkers, des bayerischen Herzogs, war er das, was man eine gute Partie nennt, die Türen vieler bedeutender Herrscherhäuser mit heiratsfähigen Töchtern standen ihm offen. Und heiratsfähig war man damals schon ab dem Kindesalter. Heinrich aber hatte seinen eigenen Kopf.

Im Frühjahr des Jahres 997 mag es gewesen sein, als der 24-jährige Heinrich zusammen mit dem gleichaltrigen Hezilo, einem geachteten Heerführer Kaiser Ottos III., dessen Vaterhaus in Luxemburg besuchte. Dort wurde Heinrich eine noch bei ihrem Vater wohnende Schwester Hezilos vorgestellt, Kunigunde. Mit 22 Jahren war sie noch unverheiratet, »ein spätes Mädchen«, wird man hinter vorgehaltener Hand gespottet haben, das achte Kind eines kleinen, unbedeutenden Grafen, ohne Aussicht auf nennenswerte Mitgift. Dieses Treffen entschied über Heinrichs weiteres Leben. Ob es Kunigundes Schönheit gewesen ist? Ob Heinrich von ihrem Geist und Verstand verzaubert wurde? Oder von ihrer Kunst, Menschen für sich einzunehmen? Beide junge Menschen hatten eine vorzügliche Bildung erfahren, Heinrich im heimatlichen Regensburg durch Bischof Wolfgang, Kunigunde vermutlich durch die Benediktinerinnen von St. Irminen in Trier. Beide sind in einem kunstinteressierten, durch Reform und Neuerungen geprägten Umfeld aufgewachsen. Ob ihre ersten Gespräche darum kreisen? Um die Reform der Klöster, die Kunigundes Vater angestoßen hat? Um die römische Vergangenheit, die sowohl in Regensburg als auch in Trier lebendig geblieben war? Fest steht, sie fanden Gefallen aneinander und wollten künftig gemeinsam durchs Leben gehen. Geheiratet haben sie vermutlich noch im Sommer oder Herbst desselben Jahres, vielleicht auch ein Jahr später. Nach der Hochzeitsnacht überraschte Heinrich seine junge Frau mit einem außergewöhnlichen Geschenk: Er vermachte ihr als Morgengabe, was ihm am liebsten war, einen Ort, in den er sich in früher Jugend verliebt hatte, er schenkte ihr sein Bamberg.

Die nächsten Jahre verbrachte das junge Paar an der Seite Kaiser Ottos in Italien. Als Heinrich und Kunigunde nach drei Jahren zurückkehrten und man ihnen freudig entgegenritt, ihren Nachwuchs zu begrüßen, den Thronfolger oder ein kleines Mädchen, war jedoch kein Kind zu sehen. Und daran sollte sich nichts ändern. Die Ehe zwischen Heinrich und Kunigunde blieb kinderlos. Nach ihrer beider Tod hat man behauptet, sie hätten eine Josefsehe geführt, eine schamhafte Umschreibung für den freiwilligen Verzicht auf Sex. Durch diese Behauptung wollte man wohl die Heiligsprechung

Heinrichs vorantreiben, Ehemänner hatten traditionell schlechte Chancen, von einem Heiligenschein umleuchtet zu werden. Es gibt jedoch gute Gründe zu vermuten, dass das königliche Bett durchaus spannende Abenteuer erlebt hat. Jedenfalls in den jungen Jahren der Ehe. Warum dann keine Kinder kamen? Auch darüber haben Historiker viel spekuliert. Die einen behaupteten, ein Unfall sei schuld gewesen. Bei einer Jagd habe ein Keiler Heinrichs Hund gefährlich attackiert, Heinrich wollte dem Hund zu Hilfe eilen, worauf sich der Eber wutschnaubend auf das Herrchen stürzte und mit einem seiner scharfen Zähne sein Bein aufschlitzte, so hoch am Oberschenkel, dass dabei auch wichtige höhergelegene Weichteile ramponiert wurden. Belegt ist, dass Heinrich auf einem Bein gehumpelt ist. Dass das Wildschwein beziehungsweise seine Hauer an der Kinderlosigkeit schuld sind, ist aber nur eine von vielen Mutmaßungen. Im Mittelalter war die Medizin ja noch meilenweit davon entfernt, zu entscheiden, was die Gründe für eine leere Wiege waren. Es soll uns auch nicht weiter beschäftigen. Viel erstaunlicher ist eher, wie beide Eheleute mit diesem für sie harten Schicksal umgingen, das auch von dynastischer Bedeutung war, drohte mit Heinrich doch das stolze Herrschergeschlecht der Ottonen auszusterben. Üblich war es, sich in solch einem Fall von seiner Frau zu trennen und sich eine neue zu nehmen. Das aber hat Heinrich nicht getan. Ob er es still erwogen hat? Oder ob er gewusst oder doch gespürt hat, dass er auch mit einer anderen Frau keine Kinder bekommen würde? Wer will es entscheiden?

Was wir wissen, ist: Heinrich und Kunigunde führten eine Ehe, die man durchaus als modern bezeichnen kann. Kunigunde beschränkte sich keineswegs auf ihre repräsentativen Pflichten, auf den Platz an seiner Seite, auch und erst recht nicht, nachdem sie in Paderborn zur Königin gekrönt worden war. Sie nahm lebhaft und energisch Anteil an den Regierungsgeschäften. So trug sie ihrem Mann viele Anliegen von Bittstellern persönlich vor, denn ohne eine solche Fürsprache hatte man keine Chance, Gehör zu finden. Auch beriet sie Heinrich intensiv, hatte durchaus eigene Ansichten zu vielen Rechtsfragen, zur Positionierung gegenüber politischen Gegnern und zur Haltung gegenüber der Kirche. Wenn man von dem Kaiserpaar redete, dann tatsächlich in dem Sinne, dass auf dem Thron zwei Personen saßen – wenn sie auch nicht offiziell gleichberechtigt waren, so doch faktisch im Alltag des Regierens. Eine erfüllte Partnerschaft lebt von gemeinsamen Projekten. Das Lieblingsprojekt von Heinrich und Kunigunde, ihr »Kind«, war die Gründung eines eigenen Bistums mit Bamberg als Bischofssitz. Ob Heinrich von solchen Plänen bereits geträumt hatte, als er Kunigunde die damals noch kleine Siedlung an der Mündung der Regnitz in den Main zur Hochzeit schenkte? Vielleicht. Die Gründung des Bamberger Bistums aber stieß auf entschiedene Widerstände. Es war ja kein heidnisches Gelände, das Bamberger Land war bereits seit Langem christianisiert, seit Bonifatius' Zeiten aufgeteilt unter den fränkischen Bistümern Würzburg und Eichstätt. Besonders der Würzburger Bischof war wenig amüsiert über die Bamberg-Pläne des Kaisers und erschien gar nicht erst zur Synode seiner Kollegen in Frankfurt am Main. Als Heinrich sein Anliegen vortrug, wiegten auch andere Bischöfe bedenklich ihr Haupt, schließlich wollte man keinen Unfrieden stiften. Mancher wird sich im Stillen auch gedacht haben: Was, wenn das Schule macht? Wer wird der Nächste sein, dessen Bistum zurechtgestutzt wird, weil ein Herrscher meint, sich mit einem neuen verewigen zu müssen? Immer aber, wenn man zur Abstimmung schreiten wollte, warf sich Heinrich der Länge nach vor den Bischöfen zu Boden, wodurch eine peinliche Situation entstand. Was sollte man tun? Der Kaiser ließ einfach nicht locker. Kaum ahnte er ein negatives Abstimmungsergebnis voraus, warf er sich wieder in den Staub. Seufzend gab man schließlich nach, Heinrich bekam sein Bistum.

Bamberg wurde das Herzensprojekt des Kaiserpaares. Viel Zeit und Geld investierten sie, das Bistum mit Stiftungen zu versehen, mit Ländereien, Klöstern, Kirchen und Kapellen. Und natürlich mit dem Dom. Er sollte prominent auf einem der Hügel errichtet werden, weit sichtbar für jeden, der sich Bamberg näherte. Sieben

Hügel besitzt Bamberg, auch deshalb erschien es Heinrich als passender Ort für sein Bistum, sieben Hügel wie das längst in Trümmern liegende Zentrum der Christenheit, das alte Rom. Das neue Rom, das sollte Bamberg werden, Anziehungspunkt von strahlender Schönheit.

Damit der Dom leuchtete, damit er Pilger anzog und somit zahlungskräftige Reisende, brauchte man vor allem eines: wertvolle Reliquien. Die Knochen bekannter Heiliger verehrte man inbrünstig, suchte ihre Nähe und nahm die Strapazen einer Pilgerfahrt auf sich, um von seinen Sünden befreit zu werden. Reliquien aber waren knapp und teuer. Für sie gaben Heinrich und Kunigunde noch einmal die gleiche Summe aus, die der Dombau verschlungen hatte. Die wertvollsten Reliquien waren vermutlich der Nagel vom Kreuz Christi und ein Paar Sandalen, die Jesus getragen haben soll.

Wie es scheint, führten Heinrich und Kunigunde eine harmonische Ehe, jedoch berichtet uns der Volksmund auch von gelegentlichen Reibereien. Der Kaiser neigte zu cholerischen Anfällen, und auch Kunigunde scheint ein lebhaftes Temperament eigen gewesen zu sein, eine nicht unkomplizierte Mischung, wie folgende Anekdote verdeutlicht:

Vor einem hohen kirchlichen Festtag unternahmen Heinrich und Kunigunde noch einen abendlichen Spaziergang vor die Tore Bambergs. Als sie sich auf einer Lichtung ausruhten, begannen die Glocken des Doms zu läuten. Aufmerksam spitzte das Kaiserpaar die Ohren, hatte ein jeder doch dem Dom eine Glocke gestiftet. Angetan von dem Wohlklang, lobte jeder seine Glocke, und schon bald entspann sich ein Streit darüber, welche Glocke schöner klänge. Jeder wollte recht haben und den anderen übertrumpfen. Rasch ging es Schlag auf Schlag, bis Heinrich, erschöpft und solcher Diskussionen überdrüssig, resigniert aufgeben wollte. Da zog Kunigunde, die sich in Rage geredet hatte, ihren Ring vom Finger und rief: »Wenn ich mit diesem Ring hier meine Glocke treffe, so ist bewiesen, dass es die wohlklingendere ist!« Mit diesen Worten schleuderte sie den Ring Richtung Dom, sehr zielsicher und mit solch einer Wucht, dass das Geschoss die Kunigundenglocke durchschlug. Heinrich aber seufzte nur still. Wie stets hatte er in solchen Streitigkeiten doch nur das Nachsehen.

Eine hübsche Legende. Zeigt sie doch auf beruhigende Weise, dass auch heilige Ehepaare gelegentlich in Streit geraten können. Ernsthafter scheinen andere Eheprobleme gewesen zu sein. Ob Heinrich schon immer zur Eifersucht neigte? Oder ob der schlussendliche Verzicht auf jede Form ehelicher Sexualität das Misstrauen des Kaisers gegenüber seiner Frau befeuerte? Ob Heinrich die geheimen Wünsche Kunigundes vermutete, ihre Sehnsucht, sich einem Mann ganz und gar hinzugeben? Auffällig ist, wie viele Geschichten und Sagen sich um die unterstellte Untreue Kunigundes ranken.

So wird erzählt, Kunigunde habe einen Edelknaben geliebt, der ihr in Treue ergeben war. Wo immer sich seine Herrin befand, hingen seine Augen an ihr. Als der Kaiser im Bade wieder einmal die Liebe und Treue seiner Kunigunde pries, geschah es, dass sein Kammerdiener die Augen verdrehte und ihm mit vergifteten Worten antwortete. Ob der Herr denn nicht sehe, wie verzückt die Kaiserin ihren Edelknaben betrachte. So blicke keine züchtige Frau nach einem Mann. Und ob der Herr nicht höre, welch süße Worte die Kaiserin dem Edelknaben ins Ohr flüstere. So spreche keine Frau, die ihrem Mann die Treue halte. Der Kaiser geriet außer sich. Er sagte Kunigunde, sie solle ihren Edelknaben zum Kalkofen schicken mit der Frage, ob der Befehl des Herrn ausgeführt worden sei. Insgeheim aber ließ er den Kalkbrennern ausrichten, den ersten Mann, der sie heute besuche, in die Feuerglut zu werfen. Der hübsche Knabe lief sogleich los, den Wunsch seiner Herrin zu erfüllen. Wie er aber an der St.-Gertraud-Kapelle vorbeikam, hörte er die Glocke zum Gottesdienst rufen; da konnte er nicht anders, er trat ein, die Messe mitzufeiern. Als er schließlich verspätet zum Ofen kam, ließen ihn die grinsenden Knechte ins Feuer schauen. Wie erschrak der Knabe da! Von der Glut schon fast verzehrt rauchten dort die verkohlten Reste eines Mannes. Entsetzt lief der Knabe zurück und berichtete dem Kaiser, was er gesehen. Heinrich erbleichte. Was war passiert? Der verleumderische Kammerdiener hatte ungeduldig ein Weilchen verstreichen lassen und sich dann voll diebischer Freude auf den Weg zum Ofen gemacht, um den Edelknaben brennen zu sehen. So war er selbst zum Opfer geworden.

Ein anderes Mal ging das Gerücht um, Kunigunde treibe es heimlich mit einem Rittersmann. Als die Kaiserin an einem schönen Sommertag vom Domberg zur Regnitz spazierte, waren die Waschweiber damit beschäftigt, die Tücher an die Leine zu hängen. Wie sie Kunigunde auf der Brücke sahen, fingen sie an zu kichern, und eine von ihnen deutete gar mit dem Finger Richtung Kaiserin und sagte: »Seht, die Ehebrecherin!« Die Kaiserin aber hatte alles gehört und erbleichte vor Zorn. Mit einer Träne im Auge lief sie eilig zur Burg zurück und befahl ihrem Diener, zu den Wäscherinnen zu gehen und ihnen einen Korb mit Brot und einen Krug Wein zu bringen mit den Worten: »Schöne Grüße von der Ehebrecherin.« Beschämt nahmen die Frauen die Gaben entgegen. Auch diejenige, die das Lästerwort gesprochen hatte, wollte einen Schluck Wein nehmen, da aber rann nur Wasser in ihren Mund, und als sie vom Brot abbiss, war es plötzlich ein Stein geworden.

Legenden gewiss, aber haben nicht auch Legenden einen wahren Kern? Die berühmteste hat Tilman Riemenschneider in das Grab gemeißelt. In einem der Bilderfelder sieht man Kunigunde mit geschürztem Kleid barfuß über glühende Pflugscharen schreiten. Was war passiert? Wieder einmal hatte man dem Kaiser zugeraunt, Kunigunde habe ihn betrogen. Um ihre Unschuld zu beweisen, schritt sie über das erhitzte Eisen und siehe da: Ihre kaiserlichen Füße blieben gänzlich unversehrt.

Uns Heutigen stellt sich die Frage, warum man einen Mann wie Heinrich heiligsprechen konnte. War sein Handeln denn wirklich von christlicher Güte geprägt? Zuzuschauen, wie seine Frau sich größten Gefahren aussetzt, nur um sich von deren Treue zu überzeugen? Nun ja, auch die Heiligen waren keine Heiligen, sie waren Menschen aus Fleisch und Blut mit allen Fehlern, die ein Mensch machen kann, und ebenso waren sie Kinder ihrer Zeit. Auch die Feuerprobe hat Kunigunde ihrem Mann verziehen. Als sie an seinem Sterbebett wachte, deutete ihr Heinrich mit liebevollem Blick auf sie, bevor er verschied: »Ich habe sie als reine Jungfrau erhalten, als reine Jungfrau gebe ich sie Gott zurück.«

Welche Autorität und welches Ansehen sich Kunigunde im Reich erworben hatte, erkennt man daran, dass sie nach dem Tod ihres Mannes wie selbstverständlich die Regierungsgeschäfte fortführte, mit Herz und Verstand. Erst als ein neuer Kaiser gewählt worden war, zog sie sich zurück und ging ins Kloster nach Kaufungen, um den Rest ihres Lebens Gott zu weihen. Die Kaiserin starb im Jahr 1033.

Wen aber hatten die beiden kinderlosen Gatten zum Erben eingesetzt? Ihr »Kind«, ihr Bamberger Bistum! All ihr persönliches Vermögen fiel an die Kirche. Wenn das kein Grund für eine Heiligsprechung ist! Gute fünfzig Jahre nach ihrem Mann wurde auch Kunigunde heiliggesprochen, Heinrich 1146, Kunigunde 1200. In den Herzen der Menschen war sie es längst. Während die Gläubigen das Leben Heinrichs mit Respekt betrachteten, rührte Kunigunde die Herzen, besonders in Bamberg. In Notzeiten beteten die frommen Katholiken zu ihr, am inbrünstigsten vielleicht in den letzten Tagen des Zweiten Weltkriegs. Bomber hatten sich schon aufgemacht, das schöne Bamberg zu zerstören; wie Würzburg und Nürnberg sollte es in Schutt und Asche gelegt werden. Da stieg ein dichter Nebel auf und machte Bamberg unsichtbar. Die Bomber sahen nur weiße Schleier wabern und mussten ihre tödliche Fracht an einem anderen Ort ausklinken, Bamberg war gerettet.

Kunigunde schreitet mit geschürztem Kleid über glühende Pflugscharen.

TÖDLICHES LIEBESDRAMA

Kilian und sein Ende

♡

Ist es verboten, sich in den Bruder seines Mannes zu verlieben? Ist es eine Sünde gar? Vielleicht, vielleicht aber auch nicht, erst recht nicht, wenn man Witwe geworden ist. »Bis dass der Tod euch scheidet«, heißt es doch, danach ist man wieder ein freier Mensch, möchte man glauben. Das dachte sich auch die fränkische Fürstin Gailana. Wie furchtbar wurde sie enttäuscht!

Um zu verstehen, was passiert ist, müssen wir tief in die Geschichte des Frankenlandes hinabsteigen, in eine Zeit, in der der Großteil der Bevölkerung noch an germanische Gottheiten glaubte, an Donar und Freya, in eine Zeit, in der andere Sitten und Gebräuche galten, auch was die Heirat anging und die Wiederverheiratung. In jener Zeit, dem späten 7. Jahrhundert, kamen über Rhein und Main drei Iren nach Franken, drei Männer, die den Auftrag hatten, einen neuen Glauben zu predigen, den Glauben an Jesus Christus. Der Vielgötterei sollte ein Ende gemacht werden, nur noch einen Gott sollte es fortan geben, den christlichen, der seinen Sohn geopfert hatte, um die Menschen zu retten. Davon zu erzählen, die Franken davon zu überzeugen, dafür hatten Kilian und seine Freunde Totnan und Kolonat und vermutlich noch etliche Begleiter die weite Reise auf sich genommen. Es heißt, als sie mit dem Schiff an Würzburg vorbeikamen, habe ihnen die Gegend so gefallen, dass sie beschlossen, an Land zu gehen, um von hier aus zu wirken. Gut

Statue von St. Kilian auf der Alten Mainbrücke in Würzburg

nachvollziehbar, dass sie nicht mehr weiterreisen wollten. Viele, die heute eine Schiffskreuzfahrt den Main hinauf machen, wird beim Anblick des malerischen Uferpanoramas ein ähnliches Gefühl überkommen.

Im Handbuch jedes Missionars stand, dass es am effektivsten sei, der Herrscherfamilie des jeweiligen Heidenlandes seine Reverenz zu erweisen, sie zu bekehren und zu taufen. »Cuius regio, eius religio«, der Glaube des Landesherrn bestimmte den seiner Untertanen. Auch wenn diese griffige lateinische Formulierung erst im Augsburger Religionsfrieden von 1555 niedergelegt wurde, so galt dieses Prinzip in der Sache doch schon zu Kilians Zeiten. Herrscher über die Gegend von Würzburg war damals ein germanischer Fürst, dessen Gemahlin Gailana hieß. Ihr Schwager, der Bruder ihres Mannes, war Gosbert, und Gosbert ließ sich taufen. Ein großer Triumph für Kilian und seine Mitstreiter.

Als ihr Mann starb, heiratete Gailana nach einer schicklichen Trauerphase, wie wir annehmen dürfen, ihren Schwager, Gosbert, den neuen Herrscher. Dieses Vorgehen war bei den Germanen nicht unüblich, ja sogar wünschenswert, besonders, wenn noch ein Thronfolger fehlte. Kilian aber reagierte äußerst verschnupft, als er von dieser Eheschließung hörte. Bei allem Verständnis, die Schwagerehe sei nicht im christlichen Sinne und würde von Rom entschieden abgelehnt; es täte ihm leid, da sei nichts zu machen. Und er drängte Gosbert, die Heirat für nichtig erklären zu lassen. Gosbert gab widerstrebend nach und brach zu einem Feldzug auf. Nachvollziehbar, dass die Entwicklung der Dinge Gailana nicht gefiel, nicht ganz nachvollziehbar aber ist, dass sich ihre Wut auf Kilian bis zur Mordlust steigerte. Als Gosbert sich verabschiedet hatte, soll Gailana – die Quellenlage ist unsicher – einen Mörder gedungen haben. Dieser lockte Kilian, Totnan und Kolonat mit seinen Komplizen in einen Hinterhalt, um sie mit einem Schwert niederzustechen. Am selben Platz, an dem man später die Neumünsterkirche errichtete, soll sich die Mordtat zugetragen haben. Die heiligen Männer wollten sich retten, so berichtet die Legende, indem sie die Bibel schützend vor sich hielten. Das aber beeindruckte die Auftragskiller wenig; Blutspuren an der Heiligen Schrift beweisen noch heute den Ausgang der Geschichte. Nachdem die drei tot zu Boden gesunken waren, wurden in aller Eile Gräber ausgehoben und über dem Tatort eine Pferdescheune errichtet, in der Hoffnung, das Verbrechen zu vertuschen. Jedes Pferd aber, das man danach in diesen Stall führte, begann vor Panik zu scheuen, stellte sich wiehernd auf die Hinterläufe, fletschte angstvoll die Zähne oder schlug aus. Als Gosbert vom Kriegszug zurückkehrte und vom Verschwinden der drei frommen Iren hörte, wurde er misstrauisch und befahl, der Sache auf den Grund zu gehen. Man fing an zu graben und fand die Leichen der drei Missionare. Es heißt, der Mörder habe sich daraufhin selbst gerichtet, während Gailana dem Wahnsinn verfallen sei.

Diese schreckliche Rachegeschichte hat die Heiligenlegende von Kilian begründet, der seither als Frankenapostel gilt. Nachdem man seine Gebeine und die seiner Gefährten zunächst in einer Kirche auf dem Marienberg bestattet hatte, wurden sie später umgebettet und zuletzt im Jahr 788 unter Anwesenheit Karls des Großen in einem Vorgängerbau der heutigen Neumünsterkirche beigesetzt, in der sie noch heute ruhen. Alle Gebeine, bis auf die Schädel, die kostbar gefasst ihre letzte Ruhestätte zunächst im Altar des Domes fanden, der Kilian zu Ehren seinen Namen trägt. An Kiliani, dem 8. Juli, werden die drei heiligen Schädelknochen bis in unsere Tage in einer feierlichen Prozession über die Alte Mainbrücke getragen. Auch Frauen, die ihren Schwager geheiratet haben, dürfen nun selbstverständlich mitfeiern. Die heutige Kirche steht der Wiederverheiratung einer Witwe nicht mehr im Wege, wenn der Bruder des verstorbenen Mannes der Glückliche sein soll. Selbst die Sexualmoral der katholischen Kirche ändert sich gelegentlich, wenn auch in kleinen Schritten.

Quellenhinweise:

Romeo und Julia am Moritzberg
Johannes Wilkes und Michael Kniess: *Das Nürnberger Land,* ars vivendi, Cadolzburg, 2019

Kundenliebe auf Fränkisch
Johannes Wilkes und Michael Kniess, *Franken – Wohlfühlorte für Leib und Seele,* ars vivendi, Cadolzburg 2021

Liebe ohne Reue
Dieses Kapitel findet sich in modifizierter Form in:
Johannes Wilkes und Michael Kniess, *Franken – Wohlfühlorte für Leib und Seele,* ars vivendi, Cadolzburg 2021

Bert Brecht besucht seine Paula
Dieses Kapitel findet sich in modifizierter Form in:
Johannes Wilkes: *Alle Wege führen nach Nürnberg,* Cadolzburg, ars vivendi, 2003
Paula Banholzer: *So viel wie eine Liebe: der unbekannte Brecht (Erinnerungen und Gespräche),* München, Universitas, 1981

August Graf von Platen
August Graf von Platen: *Die Tagebücher,* München, Piper, 1905
Johannes Wilkes: *Kant kam nicht,* Erlangen, Mönau, 2001

Wie sich E.T.A. Hoffmann in seine Gesangsschülerin verliebte
Diese Erzählung wurde bearbeitet nach einem Kapitel in:
Johannes Wilkes: *Bamberg hoch sieben,* Erlangen, Mönau, 2012
(mit freundlicher Genehmigung des Verlags)
E. T. A. Hoffmann: Tagebücher. München, Winkler, 1971